OS SEGREDOS DA
BÍBLIA

OS SEGREDOS DA BÍBLIA

A MENSAGEM PSICOLÓGICA DO VELHO TESTAMENTO

Roberto Lima Netto

CIP-BRASIL. CATALOGAÇÃO-NA-FONTE
SINDICATO NACIONAL DOS EDITORES DE LIVROS, RJ.

L699s   Lima Netto, Roberto
        Os segredos da Bíblia / Roberto Lima Netto. - Rio de Janeiro: Best*Seller*, 2008.

        Inclui bibliografia
        ISBN 978-85-7684-300-9

        1. Bíblia. I. Título.

08-3636   CDD: 220
                                                           CDU: 27-23

OS SEGREDOS DA BÍBLIA

Copyright © 2008 by Roberto Procópio Lima Netto

Capa: Julio Moreira
Editoração eletrônica: Abreu's System

Todos os direitos reservados. Proibida a reprodução,
no todo ou em parte, sem autorização prévia por escrito da editora,
sejam quais forem os meios empregados.

Direitos exclusivos de publicação em língua portuguesa para o Brasil
reservados pela
EDITORA BEST SELLER LTDA.
Rua Argentina, 171, parte, São Cristóvão
Rio de Janeiro, RJ – 20921-380

Impresso no Brasil

ISBN 978-85-7684-300-9

PEDIDOS PELO REEMBOLSO POSTAL
Caixa Postal 23.052
Rio de Janeiro, RJ – 20922-970

Agradecimentos

Quero agradecer os valiosos comentários de dois queridos amigos: Luís César e Walter. Devo crédito a ambos por muitos aperfeiçoamentos e sugestões. Porém, as possíveis incorreções que possam ter persistido no texto não devem ser atribuídas a eles.

Luís César Ebraico formou-se em Psicologia na PUC-RJ, terminando também ali seu mestrado, que culminou com a defesa da tese intitulada "O Conceito de Doença Mental", considerada por especialistas como um marco na história do conceito.

Membro-consultor da International Psychoanalytical Association (IPA), enfeixou sob o nome de Loganálise (www.loganalise.com) suas contribuições técnicas e teóricas para o desenvolvimento da obra freudiana. Em seu livro, *A nova conversa*, mostra como o correto conhecimento pelo não profissional dos conceitos essenciais da Psicanálise pode auxiliá-lo a desenvolver, em seu dia-a-dia, um tipo de comunicação que promove sua saúde psicológica e a daqueles que o cercam. Luís César é fundador, com outros colegas, do Centro Brasileiro de Loganálise, situado no Rio de Janeiro, onde clinica e ministra freqüentes cursos e palestras.

Walter Boechat, depois de se formar em Medicina e exercer a Psiquiatria, fez, durante três anos, pós-graduação no Instituto Junguiano de Zurique, na Suíça, e doutorado no IMS — Instituto de Medicina Social da UERJ. Foi membro-fundador e presidente da Associação Junguiana do Brasil e pratica a profissão de analista no Rio de Janeiro. Na década de 80 tornou-se conhecido no país pelas conferências que fazia, em dupla com o saudoso professor Junito Brandão, sobre a interpretação psicológica dos mitos.

Walter é hoje, além de analista, conferencista altamente requisitado em diversos países. Sua última conferência, no Congresso Junguiano Internacional da África do Sul, versou sobre o tema "Racismo e Classes Sociais".

Sumário

Prefácio 9

A. O poder do mito 13
    CAPÍTULO 1   Uma verdade maior 15
    CAPÍTULO 2   O sentido da vida 25

B. A busca da consciência 31
    CAPÍTULO 3   O Jardim do Éden 33
    CAPÍTULO 4   As origens da Terra 45
    CAPÍTULO 5   Caim e Abel 51

C. Homem maior que si mesmo 55
    CAPÍTULO 6   O Dilúvio 57
    CAPÍTULO 7   A Torre de Babel 65

D. A Sombra: encontro com seu lado escuro 69
    CAPÍTULO 8   Jacó: o preferido da mãe 71
    CAPÍTULO 9   O encontro com Esaú 91
    CAPÍTULO 10   José e seus irmãos 97
    CAPÍTULO 11   Samuel: o último juiz 105

8 SUMÁRIO

CAPÍTULO 12 Saul: o rei vencedor 115
CAPÍTULO 13 Saul: o rei vencido 127

E. Anima: o encontro com o feminino 133
CAPÍTULO 14 Sansão e Dalila 135
CAPÍTULO 15 Davi: o favorito de Javé 145
CAPÍTULO 16 Davi: o poeta de Javé 163

F. O processo de individuação 171
CAPÍTULO 17 Abraão: o pai do povo 175
CAPÍTULO 18 Moisés: o herói da Terra Prometida 189
CAPÍTULO 19 Jônatas: o filho de Saul 201
CAPÍTULO 20 Salomão: o rei sábio 209

G. A luta do Bem e do Mal 215
CAPÍTULO 21 Jó: um homem nas mãos de Satã 217

H. Um novo mito para o século de Aquário 239

Pequena bibliografia comentada 251

Prefácio*

C. G. Jung, em seu livro autobiográfico *Memórias, sonhos e reflexões*, escreve sobre a importância do mitologizar, isto é, não tomar os conteúdos significativos literalmente, mas sim como símbolos, metáforas, sobre cujo mistério e significado deveríamos meditar profundamente, de forma a irmos penetrando em seu sentido mais central. Para nos apossarmos desse significado, deveríamos realizar o que Jung denominou um *circumambulatio*, uma respeitosa caminhada em torno do símbolo, para irmos apreendendo aos poucos a multiplicidade inesgotável de seus significados. Mito aqui adquire um sentido oposto ao corriqueiro de algo "falso" ou "errado". Pelo contrário, mito está sendo entendido como plenamente verdadeiro, algo que não pode ser expresso pela linguagem comum.

---

* De Walter Boechat: médico, analista junguiano diplomado pelo C.G.Jung Instituto de Zurique, fundador e presidente da Associação Junguiana do Brasil e autor do livro *Mitos e arquétipos do homem contemporâneo*.

Quando Roberto Lima Netto conversa sobre os mitos da Bíblia ele está precisamente executando essa função de mitologizar, isto é, está tomando o principal acervo de ensinamentos sobre a alma humana do mundo ocidental, um legado de sabedoria incomum, a experiência de nossos ancestrais em sua adaptação a diversas situações típicas da vida e o forte papel da religião para a sobrevivência desses ancestrais. A Bíblia é entendida freqüentemente sem o critério de verdade final e literal, como é vista pelas religiões institucionalizadas, mas de forma mitológica e simbólica. O instrumento para a aproximação desses símbolos é a psicologia analítica de C. G. Jung.

Há diversas vantagens na abordagem simbólica. Em primeiro lugar, evita-se a aproximação dessas grandes e maravilhosas verdades de uma forma puramente literal como o fazem as religiões institucionalizadas. Terá Deus realmente criado o universo em seis dias? A história do paraíso terrestre e de Adão, criado do húmus da terra, e Eva, a partir de sua costela, qual o sentido desse relato? Roberto Lima Netto comenta ainda sobre as duas versões existentes: a da criação da costela de Adão (versão P) e a versão surgida posteriormente, segundo a qual é dito: "macho e fêmea os criou", Jeová teria criado ambos, Adão e Eva, da lama da terra (versão J). A existência de duas versões para a criação do ser humano aponta, pelo menos aqui, para a realidade simbólica ou mítica desses relatos. É curioso que a suposta inferioridade da mulher perante o homem, ou sua dependência, não está presente na versão J, pois revela a mulher como criação direta a partir de Jeová, sem necessidade da *intermediação* de Adão, sem necessidade de recorrer à sua costela.

Os mitos da Bíblia dão uma sensação de pertencer a um cosmo ordenado. Procuram oferecer sempre uma explicação que conforte e situe o homem perante os grandes problemas do sentido da vida e do universo. Também os mitos bíblicos dizem respeito a todos os problemas cotidianos da vida, os relacionamentos entre irmãos, pais e filhos e, acima de tudo, à suprema lei, a relação com o Senhor Deus, uma ética transcendente que deve regular todas as ações dos homens. As histórias míticas que envolvem todos esses personagens servem como um modelo para as ações dos homens.

A leitura que Roberto Lima Netto propõe é a leitura mítica, que evita qualquer forma de fundamentalismo religioso. Pelo fundamentalismo, o crente apega-se à letra do livro sagrado, seja ele a Bíblia, o Alcorão ou qualquer outro. O fundamentalista torna-se possuidor de uma verdade absoluta, e todos os demais, para ele, estão mergulhados na escuridão, pois nada sabem. O debate e o diálogo criativo ficam evitados. A visão fundamentalista traz uma falsa segurança, fanatismo e proselitismo. A visão mitológica amplia, enriquece e traz nova percepção das coisas do cotidiano e do universo. É o que este livro procura oferecer, uma nova dimensão psicológica e um enriquecimento simbólico para a personalidade.

PARTE A

O poder do mito

A verdade do mito é maior que a verdade do fato. O mito fala uma linguagem simbólica, metafórica e, assim aceito, é fundamental para o desenvolvimento do homem, para dar sentido a sua vida. As imagens mitológicas da Bíblia simbolizam poderes espirituais que todos os seres humanos carregam dentro da psique humana, mesmo aqueles que se dizem ateus. Por isso mesmo os mitos não se referem a fatos, mas jogam sua luz para além deles. São verdades maiores que vão além, que transcendem aos fatos. Sobre eles, Salústio, historiador romano, disse uma frase admirável: "São coisas que nunca aconteceram mas que sempre existiram."

CAPÍTULO 1

Uma verdade maior

A Bíblia, essa obra fantástica que sobrevive aos séculos, fala de diferentes modos às pessoas. Os antropólogos a lêem buscando conhecer como viviam os povos do Oriente Médio nas épocas em que ela foi escrita; os teólogos, buscando verdades religiosas, baseando-se nela para definir os dogmas das suas religiões; o homem comum, buscando entender seu mundo e os mistérios da vida e da morte.

No mundo moderno, duas correntes se digladiam na interpretação da Bíblia. Um grupo vê nela verdades factuais incontestáveis; acredita que o mundo fora criado por Deus em seis dias; acredita que Adão e Eva, nossos primeiros ancestrais, habitavam no Jardim do Éden. Acreditam nisso e em outras afirmações da Bíblia, mesmo que a ciência as considere absurdas. Do outro lado estão aqueles que vêem na Bíblia uma fantasia, refletindo crenças de povos primitivos, que tinham necessidade de explicar o mundo em que viviam e não dispunham dos conhecimentos da ciência do século XXI. Essas duas maneiras de interpretar a Bíblia, que prevaleceram nos últimos séculos, são opostas e irreconciliáveis.

Porém essa obra admirável que é a Bíblia não precisa se limitar a essas duas interpretações. Ela também nos dá fantásticas lições de psicologia, ajudando-nos a entender a mente humana. Esta nova maneira de ler a Bíblia não conflita com as anteriores. É um caminho novo, recém-aberto com as descobertas de Carl G. Jung — sábio, médico e psicólogo suíço do século XX (1875-1961). Um caminho ainda pouco trilhado, que proporciona ensinamentos valiosos e permite um novo entendimento do livro sagrado. Que atende aos que querem ver a Bíblia com os olhos da ciência e não conflita com os que a vêem com os olhos da fé. É o caminho que seguiremos neste livro.

* * *

Já lhe perguntaram se você acredita em Deus? Antes de responder, você deveria perguntar a qual Deus a questão se refere. Ao Deus Maior, incognoscível, essa força misteriosa que criou o universo? Ou à imagem de Deus que todos trazemos no mais fundo de nossa psique, que poderíamos chamar de Deus psicológico?

O Deus Supremo, o Deus Maior, a força grandiosa que gerou o Big-Bang, criou o universo, os astros, os seres vivos — ou que criou o mundo em seis dias e colocou nossos primeiros ancestrais no Jardim do Éden — é incognoscível, não pode ser conhecido pela razão. A Bíblia, escrita pelos homens, é produto da psique humana. É claro que as poderosas imagens da Bíblia não podem ser inventadas pela nossa mente de modo consciente; elas brotaram da parte mais profunda da psique, do inconsciente. Porém, para serem transformadas em histórias, contadas ou escritas, tiveram que ser conscientizadas pelos autores bíblicos. As imagens vieram do inconsciente e chegaram à psique consciente dos autores. Conseqüentemente, sendo produto da mente humana, ainda que do seu inconsciente, as imagens da Bíblia podem ser entendidas como representações do Deus psicológico, da imagem de Deus que guardamos dentro de nossa psique.

A psicologia, uma ciência racional, não pode fazer qualquer afirmação sobre o Deus Maior. Ele está muito acima da capacidade racional da mente humana. Por outro lado, pode observar e descrever os resultados da ação de Deus na mente humana, quando Ele se manifesta como a imagem de Deus, o Deus psicológico, ou, na linguagem junguiana, o *Self* ou Si-mesmo.

Nada impede que se façam da Bíblia, esse livro tão multifacetado, leituras diferentes. Sendo nosso objetivo desvendar as verdades psicológicas que ela contém, vamos interpretar o Deus da Bíblia como sendo a imagem de Deus dentro da nossa psique, o Deus psicológico. Todos os seres humanos têm dentro de sua psique uma imagem de Deus. É essa imagem desse Deus psicológico que vamos discutir neste livro. Portanto, sempre que falarmos em Deus — com seus diversos nomes: Javé, Eloim, El Shaddai, Senhor — estaremos nos referindo à imagem de Deus dentro de nossa psique.

Esse conceito é tão importante que vale a pena ser repetido. O Deus Maior, o Deus Incognoscível, até por ser incognoscível, não pode ser acessado pelo lado racional da mente humana. Pode ser reverenciado, amado, o foco de nossas orações, mas não pode ser entendido pelo lado racional dos seres humanos. Este livro, apesar de tratar dos ensinamentos da Bíblia, não é teológico. É psicológico. O objetivo dele é desenterrar as importantes verdades psicológicas da Bíblia. Portanto, *sempre que falarmos em Javé, Eloim, El Shaddai, Senhor, estaremos nos referindo ao Deus psicológico, à imagem de Deus dentro de nossa psique, ao Self.* Isso não conflita com o fato de que os teólogos vejam na Bíblia o Deus Maior, o Deus Supremo, o Deus incognoscível.

O objetivo deste livro é aproveitar as histórias da Bíblia* como fontes de lições de vida de inestimável valor, lições de vida que não podem ser contestadas por crentes, agnósticos ou ateus.

Por que a Bíblia, cheia de histórias antigas contando a vida de uma sociedade primitiva, refletindo situações que não têm qualquer relação com a vida moderna, é o livro mais popular do mundo? Para esta pergunta só existe uma resposta: a Bíblia fala à nossa psique, à sua parte mais profunda, fazendo vibrar muitas cordas enterradas em nosso inconsciente.

Psique é o termo grego para se referir à alma. Alguns psicólogos relutam em falar da alma, por causa de sua conotação religiosa. Para nós, e para os objetivos deste livro, os dois termos — psique e alma — podem ser considerados equivalentes.

A Bíblia, para quem a sabe ler, traz preciosas lições de vida. Porém, temos que entendê-la corretamente, e, para isso, cumpre nos aprofundarmos sobre a natureza dos mitos e sua função psicológica.

Mitos? Na linguagem popular, a palavra mito tem a conotação de inverdade, de mentira. O *Dicionário Aurélio*, entre seus vários significados, define mito como "idéia falsa, sem correspondente na realidade". É possível acreditar,

---

* As citações da Bíblia neste livro, sempre que não for feita referência a outra fonte, são originárias da *Bíblia sagrada — Edição pastoral*, Paulus, 1990.

depois de Darwin, que o homem foi criado do barro? Que a arca de Noé singrou os mares com todos os animais da Terra? A palavra mito tem uma conotação muito negativa. Até mesmo falar de mitos da Bíblia pode causar reações entre os religiosos, interpretando, erradamente, que se pretende desvalorizar a Bíblia. Isso não é verdade. Muito pelo contrário, vamos mostrar as valiosas lições psicológicas contidas nesse livro maravilhoso.

Algumas pessoas acham que a mitologia seria uma pré-ciência, uma forma de o homem primitivo explicar os fenômenos da natureza. Como tal, depois do desenvolvimento da ciência, os mitos passariam a ser histórias bonitas, para serem contadas às crianças. Outros preferem ver a mitologia como a história de fatos reais, transfigurada pela fantasia e imaginação de quem a transmitiu. Nenhum desses dois pontos de vista se sustenta após as descobertas da psicologia analítica de Jung.

É claro que, para muitos, é difícil acreditar que a serpente falou com Eva, que Deus andava despreocupadamente pelo jardim por ele criado. Esses fatos não são verdadeiros no universo físico, não são fatos no mundo físico, no mundo material. Isso não exclui a possibilidade de serem verdades psicológicas, como este livro vai mostrar.

Da mesma forma que os sonhos mostram ao indivíduo uma verdade psicológica sobre si mesmo, os mitos apontam para verdades psicológicas que se aplicam a toda a comunidade que os produziu. Arriscamos mesmo afirmar que se aplica a toda a humanidade. Do mesmo modo que os sonhos são mitos do indivíduo que os sonhou, os mitos são sonhos da comunidade que os produziu. A imagem do nascimento virginal, por exemplo, aparece em mitos de vários povos em todo o mundo e se refere ao nascimento da vida espiritual no ser humano. Podemos viver como animais, lutando pela vida, gerando filhos, crescendo e nos multiplicando. Isso qualquer animal faz. Porém o que distingue o ser humano dos outros animais não é somente sua consciência, pois já se mostrou que, em menor grau, alguns animais, macacos, por exemplo, também têm consciência. O que diferencia o ser humano dos outros animais é a procura pelo espiritual, a necessidade de entender a vida e dar-lhe uma dimensão maior. O ser humano, ainda que nem todos, sente necessidade de desenvolver seu lado espiritual, de buscar um sentido para a vida.

O fato de a história contada pelo mito ser real ou inventada pela mente humana é absolutamente irrelevante para a importância do mito. Se Adão, Abraão, Moisés existiram ou não é irrelevante do ponto de vista da importância de suas histórias, de seus mitos, para a nossa psique. E isso é fundamental que seja entendido. Mesmo que Adão, Abraão e Moisés nunca houvessem existido, suas histórias continuariam tendo a mesma importância do ponto de vista psicológico.

Consideremos, por exemplo, os mitos gregos. Ninguém pode achar, mesmo os mais ingênuos, que Zeus, Apolo, Dionísio, Afrodite, Atena tenham sido pessoas reais e que viveram no nosso mundo. Entretanto não se pode negar que esses mitos são espelhos da psique humana, que carregam verdades psíquicas que nos trazem importantes lições de vida.

A importância do mito não se mede pelo fato de ser uma história real, mesmo que romanceada, ou uma história criada na mente de quem primeiro o relatou. O mito tem que ser avaliado por sua capacidade de conexão com a psique humana.

Os deuses gregos, por exemplo, poderiam ser considerados *arquétipos* que moram no nosso inconsciente. E o que seriam tais arquétipos? Este é um conceito complexo, mas que pode ser explicado por uma metáfora simples. Aliás, Jung mesmo dizia que o arquétipo se expressa principalmente através de metáforas. O leito de um rio seco não é o rio, mas está preparado para, na estação das chuvas, organizar as águas, permitir a existência de um rio. Quando elas vierem, aquele leito gera a condição para que o rio exista naquele lugar. Assim também são os arquétipos dentro da psique humana, preparados para canalizar os estímulos que chovem em sua bacia.

O arquétipo é como a fundação de uma casa. Ela não define a casa, que pode ser construída em diferentes estilos, mas define o número máximo de andares que a casa pode ter, pois sua capacidade de suportar o peso da casa é limitada. Define também o limite das paredes externas da casa, e, portanto, a área de sua projeção. A fundação da casa seria o arquétipo e a casa, sua imagem arquetípica. Sobre essa mesma fundação podem ser construídas casas diferentes, com diferentes estilos.

Também um arquétipo suporta milhares de imagens arquetípicas diferentes. Cada sonho, cada mito, cada lenda, mesmo que baseado em um mesmo arquétipo, apresenta imagens arquetípicas diferentes. O arquétipo do herói, por exemplo. As histórias de heróis abundam na literatura universal, na Bíblia, nos mitos, nas lendas e nos contos de fada. Porém, como mostrou Joseph Campbell em seu magistral livro, *O herói de mil faces*, existem inúmeras características comuns na estrutura de todas as histórias de heróis. Cada história — cada imagem arquetípica — é bem diferente, mas várias características lhe são comuns, pois essa imagem tem como fundação o arquétipo do herói, e este é único.

Jung chegou ao conceito de arquétipo com base na observação reiterada de que os mitos, as lendas, os contos de fada e as histórias da literatura universal de várias culturas e regiões geográficas distintas carregam temas semelhantes, que reaparecem em roupagens diferentes sempre e por toda parte. Encontramos esses mesmos temas mitológicos nas fantasias, nos sonhos, nas idéias delirantes e ilusões de indivíduos que vivem no mundo atual. Tais imagens — imagens arquetípicas — são representações dos arquétipos que aparecem na psique do homem moderno.

Os mitos, independentemente de serem histórias reais ou fabricadas pelo homem, expressam esses arquétipos. Isso, e somente isso, pode medir a importância do mito. Voltemos ao exemplo do mito do herói. Vale lembrar que o mito não é o arquétipo, do mesmo modo que o leito seco do rio não é o rio. O mito é o conteúdo que expressa e ativa o arquétipo, é a imagem arquetípica, organizada e filtrada pelo consciente, que se baseia no seu arquétipo.

Os mitos estão espalhados por toda a Terra, existem em todas as culturas humanas. É impressionante constatar como povos afastados, sem qualquer contato entre si, mostram motivos semelhantes em seus mitos. Não seria isso suficiente para demonstrar que os mitos são verdades universais, expressam características universais da psique humana? Entretanto essas verdades, que atuam com força em nosso inconsciente, não são óbvias para nossa mente racional, até mesmo por não corresponderem a fatos possíveis no mundo material. Foi preciso que Jung descobrisse a chave para sua interpretação, e que mitólogos, como Joseph Campbell, trabalhando com as idéias de Jung, nos ajudassem a descortinar um novo horizonte, permitindo-nos entender os mitos psicologicamente.

Segundo Jung, afirmações religiosas são confissões da psique baseadas no inconsciente do ser humano. Somente aquelas idéias que encontram eco em um grande número de mentes conseguem sobreviver à passagem do tempo e se transformar em idéias religiosas, que são, em última análise, verdades psíquicas. Essas idéias se entrincheiram nas profundezas da psique humana, no que Jung chamou de *inconsciente coletivo*.

Existem três proposições verdadeiras em relação aos livros sagrados de todos os povos:

1. Todas as afirmações religiosas têm suas raízes na psique; são fatos psíquicos.
2. O objetivo das afirmações religiosas é ajudar no processo de estruturação da psique de indivíduos, culturas e épocas.
3. As afirmações religiosas têm suas raízes em experiências transcendentais.

Estas proposições nos apontam a grande importância do entendimento psicológico da Bíblia. E esse entendimento é especialmente importante para aqueles que não acreditam nas afirmações religiosas, para aqueles que não têm fé. Mesmo os ateus vão se surpreender com as lições que podem tirar da Bíblia.

Jung chegou a dizer que as neuroses devem ser entendidas, em última análise, como um sofrimento da alma que não encontrou seu significado, e que o problema do homem moderno é o da falta de sentido da vida. Dizia também que "felizes são aqueles que têm fé, pois não precisam de psicoterapia". Entretanto, como fé não se compra em supermercado, aqueles que não foram premiados com ela têm que trabalhar duro, buscar, correr atrás, descobrir o sentido da vida. Pois bem, os mitos da Bíblia nos ajudam a descobrir o sentido de nossa existência.

* * *

Dos mitos que mais influenciaram nossa civilização ocidental, três são os que se destacam: os mitos da Bíblia, os mitos gregos e os do ciclo do Rei Artur e os Cavaleiros da Távola Redonda, estes muito mais recentes. Dos três, os mais relevantes para nossa civilização ocidental são os da Bíblia, que este livro vai discutir, fazendo, sempre que necessário, um paralelo com os mitos gregos, arturianos e de outros povos ao redor do mundo.

Vamos mostrar que, ao contrário do que se pensa, a Bíblia nos conta verdades maiores do que as da ciência.

CAPÍTULO 2

O sentido da vida

Uma das questões mais fundamentais para o ser humano é: qual o sentido da vida? Fazer esta indagação pode ser a única distinção entre o ser humano e os outros animais, pois já está provado que alguns animais têm certa racionalidade, são capazes de raciocínio. Por que vivemos? Será que, como acreditam alguns, nossa vida não tem sentido? Que tudo acaba com a morte? Ou será que todos têm que lutar para descobrir o sentido da vida? Têm que lutar para, usando o linguajar das religiões orientais, atingir a iluminação?

Pergunta difícil. Muitos nascem, vivem e morrem sem tais preocupações. Serão felizes? Difícil responder. Alguns seres humanos — como os bíblicos Abraão, Jacó, José, Moisés — são chamados para a busca da referida iluminação, e aqueles que têm a felicidade — ou a infelicidade — de ouvir esse chamado não têm escolha; têm que seguir o caminho que os levará ao céu ou ao inferno, à realização pessoal ou, como o Rei Saul, à sua própria destruição.

Em sociedades primitivas, a grande maioria dos seres humanos vivia em um estado que o antropólogo francês Lévy-Bruhl chamou de *participation mystique* (participação mística). Os membros dessas sociedades tinham deixado de ser bebês inconscientes, tendo desenvolvido sua individualidade até certo ponto, mas não seguiram além, existindo em uma espécie de simbiose com a tribo. Na verdade, poucos poderiam se considerar verdadeiramente indivíduos, excetuando-se talvez os chefes e os xamãs.

Esse mesmo problema existia na antiga civilização egípcia. Em seus primórdios, acreditava-se que apenas os faraós tinham uma alma e, por esse motivo, seus corpos deveriam ser preservados para uma vida futura. Todos os outros seres humanos viviam em estado de *participation mystique*, sem poder ser considerados verdadeiros indivíduos. Com a evolução dessa civilização, maior número de pessoas passou a acreditar também possuir uma alma, ser um indivíduo, ultrapassando o estágio de *participation mystique*. A preservação do corpo para uma vida futura, prerrogativa dos faraós, tornou-se, então, comum entre os nobres e os ricos.

É possível que no mundo atual muitos seres humanos modernos ainda vivam em um estado não muito diferente dessa *participation mystique*, levando a vida conforme o vento sopra, sem serem indivíduos na completa acepção da palavra. Não receberam o chamado.

Mas voltemos à questão sobre o sentido da vida. Nossa resposta só poderá ser baseada em conjeturas e crenças. Faz sentido pensar que estamos neste mundo para nos aperfeiçoarmos, para que nossa essência — poderíamos dizer nossa alma — aprenda algumas lições. As religiões, particularmente as asiáticas, que acreditam em muitas vidas, ensinam que nossa alma se encarna milhares de vezes nesta Terra para aprender tais lições e que só deixaria de cumprir esse ciclo de vidas ao alcançar a iluminação.

O que significa isso? Como nos tornarmos iluminados, libertando-nos do ciclo de reencarnações? Aprendendo com as lições que a alma recebe em muitas vidas? Na cultura ocidental, o referencial que poderíamos usar para a iluminação pode ser expresso por um termo cunhado por Jung: *individuação*. Porém existe uma grande diferença entre os dois conceitos, já que a individuação é um processo de transformação da nossa personalidade, que resulta em um indivíduo mais completo, mais consciente, enquanto a iluminação é a meta que se busca alcançar. Um é processo, jornada, enquanto o outro é meta, objetivo.

Individuação? Pela sua importância, esse tema será explicado em um capítulo próprio, mas, como introdução, podemos dizer que se trata de um processo pelo qual o ser humano busca expandir sua consciência, conhecer melhor a si mesmo, trabalhar para que seu Ego absorva mais conhecimentos escondidos no inconsciente.

O Ego é a parte consciente de nossa psique, que entendemos como Eu, como o indivíduo. Porém, o Ego não engloba a totalidade de nossa psique, como dá a impressão de fazer. Muitos pensam, erradamente, que o Ego é o único componente da mente. Isso não é verdade, e a existência de instintos prova que existem em nossa mente outros núcleos ativos que agem como se fossem personalidades autônomas. O inconsciente pessoal e o coletivo — termos que vamos explicar à frente — também são partes da nossa psique, partes da mente de cada um de nós.

É interessante mencionar, nesse contexto, a frase escrita na entrada do Templo de Apolo, na Grécia: "Conhece-te a ti mesmo." Esta é uma verdade fundamental, trabalho difícil, doloroso, ao qual muitos resistem, e poucos são capazes de pôr em prática. O ensinamento de Apolo pede que o Ego se conscientize de uma parcela maior do material guardado no inconsciente. Pede que o ser humano avance em sua jornada de individuação.

Como podemos nos conhecer em maior profundidade? Para responder a esta pergunta precisamos falar um pouco mais da psicologia humana. Jung — discípulo de Freud no início de sua vida profissional, e que dele se separou por discordância com relação ao conceito de inconsciente coletivo — abriu portas fundamentais no entendimento de nossa psique e de seu funcionamento.

Jung, como Freud, dividiu a psique humana em duas partes: o consciente e o inconsciente, mas enriqueceu essa divisão, subdividindo o inconsciente em pessoal e coletivo. O *inconsciente pessoal* é constituído pela memória de todas as vivências que uma pessoa experimentou desde seu nascimento ou, talvez mesmo, desde sua concepção no útero materno. Nisso, Jung concordava com Freud. O *inconsciente coletivo* é constituído pela memória de informações e vivências herdadas, vividas pelos nossos ancestrais desde os primórdios de nossa existência neste planeta.

Os instintos são uma demonstração de que dentro da psique humana existem informações que não são produto da experiência pessoal. O bebê humano, bem como os animais, já nasce com seus instintos, sem que tenha que aprendê-los com a vida. Freud aceitava a existência dos instintos, mesmo porque seria difícil negá-los. Porém Jung foi além, muito além, e surgiu daí a discordância entre os dois. O conceito de inconsciente coletivo de Jung engloba todas as experiências da humanidade através dos tempos.

Como Jung chegou a tal conclusão? No início de sua vida profissional, Jung foi médico do Instituto Burghölzli para doentes mentais — casos bastante mais graves do que os habitualmente atendidos por Freud — e teve a oportunidade de estudar sonhos, alucinações e delírios de pacientes, concluindo, a partir daí, a existência, no inconsciente coletivo do ser humano, do que denominou de *arquétipos*, conceito que já explicamos.

O corpo humano se desenvolveu através dos tempos, e o ser humano moderno reflete esse desenvolvimento — guarda todo o passado. Também nossa mente se desenvolveu, e guarda no inconsciente coletivo todas as experiências vividas por nossos ancestrais. Dentro do inconsciente coletivo, a psique humana carrega toda a experiência da raça humana, suas vivências através dos séculos, naquilo que Jung chamou de arquétipos. Dentro de nossa psique existem vários arquétipos. O arquétipo do herói, por exemplo. Todas as histórias de aventuras são diferentes e iguais. Diferentes em seus detalhes, iguais na sua estrutura, porque a estrutura do arquétipo é a mesma na psique de todos os seres humanos. Podemos mencionar outros exemplos importantes. O arquétipo da Anima e do Animus. São personificações do lado feminino do homem e do lado masculino da mulher. Esses conceitos serão explicados no corpo do livro, mas podemos adiantar, de forma simplificada, que a Anima carrega a parte feminina do homem, seu lado yin, enquanto o Animus, o lado masculino da mulher, seu lado yang.

Outro arquétipo muito importante é o *Self*, o arquétipo central da psique. Enquanto o Ego é o centro da psique consciente, o *Self* é o centro de toda a psique, consciente e inconsciente. O *Self*, que alguns tradutores preferem chamar de Si-mesmo, "orienta" a psique. Ao contrário do Ego, que dirige nossa mente consciente, o *Self* apenas orienta a totalidade de nossa psique. Para melhor compreensão dessa diferença, podemos usar uma metáfora. O *Self* poderia ser visto como um técnico de um time de futebol: ele pode orientar os jogadores antes do jogo e no intervalo, mas não pode determinar o que cada jogador vai fazer cada vez que a bola chegar aos seus pés. Do mesmo modo que Deus concedeu o livre-arbítrio aos seres humanos, as personalidades que habitam nossa psique dispõem de energia e vontade própria. Não é somente o Ego que tem essa liberdade, mas também as outras personalidades que estão dentro de nossa mente inconsciente. Do mesmo modo que o Ego não controla a Anima, também o *Self* não a controla. Por esse motivo usamos a metáfora do técnico, e não a do chefe, para o *Self*.

O conceito de *Self* é de extrema importância, pois ele representa o Deus psicológico de que trata a Bíblia e do qual vamos falar neste livro. Sempre que nos referirmos a Javé, Yahweh, Eloin, O Senhor, Deus, estamos, dentro de um referencial junguiano, nos referindo ao *Self*, o arquétipo central de nossa psique.

Voltaremos a abordar tais conceitos básicos da psicologia junguiana durante a discussão que se segue. Essas explicações serão sempre apresentadas de forma simples, adequadas ao entendimento do leitor sem qualquer conhecimento prévio de psicologia junguiana. Munido dessas explicações, ele poderá apreciar a beleza e absorver as poderosas verdades que a Bíblia nos conta.

PARTE B

A busca da consciência

O ser humano sai inconsciente do ventre materno. Ele ainda não sabe que é um indivíduo separado da mãe. Aos poucos, vai adquirindo consciência disso. Durante toda sua vida, ele tem uma tarefa fundamental: aumentar essa consciência. Talvez seja essa a própria razão da vida. Algumas histórias da Bíblia apontam nessa direção.

CAPÍTULO 3

O Jardim do Éden

A Bíblia oferece duas histórias da criação do mundo. A chamada versão P, que no livro sagrado é apresentada no primeiro capítulo, teria sido escrita no século VI a.C. Nessa versão, homem e mulher são criados simultaneamente, à imagem de seu criador, e o Senhor é denominado Eloin.*

A Versão J, que o livro sagrado apresenta depois da versão P, no segundo capítulo, deve o nome ao fato de que nela o Senhor é chamado de Javé ou Jeová. Estima-se que essa versão tenha sido escrita no século X a.C., muito antes do aparecimento da versão P. Ambientada no Jardim do Éden, ela descreve um homem, Adão, feito a partir do barro, recebendo sua alma de um sopro de Javé, sendo a mulher, Eva, criada posteriormente a partir de uma costela de Adão. Essa versão pode nos induzir a ver o masculino como superior ao feminino, uma visão que, embora coerente com o patriar-

---

* Nas versões da Bíblia em português, o termo geralmente usado é Deus.

cado que prevalecia no Oriente Médio ao tempo em que esse episódio foi escrito, mostra-se incoerente com dados antropológicos que colocam o matriarcado, não o patriarcado, como a organização característica dos primórdios do desenvolvimento humano.

A divergência entre os dois mitos, que versões mais modernas da Bíblia tentam minimizar com pequenas mudanças de palavras, não prejudica nosso entendimento. Como já foi mencionado em capítulo anterior, o mito não precisa da realidade física, não precisa espelhar um fato do mundo real para ser verdadeiro, instrutivo e útil. Iremos tirar lições importantes das duas versões, a despeito das contradições que entre si apresentam.

Usando a ordem cronológica de sua produção e desobedecendo a ordem convencional de organização da Bíblia, vamos começar nossa apreciação pela versão J, do Jardim do Éden, que se inicia no capítulo 2, versículo 4, do Gênesis. Depois de relatar a criação do Éden, do homem e da mulher, e colocar naquele jardim a Árvore do Conhecimento do Bem e do Mal e a Árvore da Vida, Javé proibiu o homem de comer os frutos da primeira. Logo em seguida, no capítulo 3, defrontamo-nos com o episódio da tentação da serpente.

Gênesis — capítulo 3

1 A serpente era o mais astuto de todos os animais do campo que Javé Deus havia feito. Ela disse para a mulher: "É verdade que Deus disse que vocês não devem comer de nenhuma árvore do jardim?" 2 A mulher respondeu para a serpente: "Nós podemos comer dos frutos das árvores do jardim. 3 Mas do fruto da árvore que está no meio do jardim, Deus disse: 'Vocês não comerão dele, nem o tocarão, do contrário vocês vão morrer.'" 4 Então a serpente disse para a mulher: "De modo

nenhum vocês morrerão. 5 Mas Deus sabe que, no dia em que vocês comerem o fruto, os olhos de vocês vão se abrir, e vocês se tornarão como deuses, conhecedores do bem e do mal." 6 Então a mulher viu que a árvore tentava o apetite, era uma delícia para os olhos e desejável para adquirir discernimento. Pegou o fruto e o comeu; depois o deu também ao marido que estava com ela, e também ele comeu. 7 Então abriram-se os olhos dos dois, e eles perceberam que estavam nus. Entrelaçaram folhas de figueira e fizeram tangas. 8 Em seguida, eles ouviram Javé Deus passeando no jardim à brisa do dia. Então o homem e a mulher se esconderam da presença de Javé Deus, entre as árvores do jardim. 9 Javé Deus chamou o homem: "Onde está você?" 10 O homem respondeu: "Ouvi teus passos no jardim: tive medo, porque estou nu, e me escondi." 11 Javé Deus continuou: "E quem lhe disse que você estava nu? Por acaso você comeu da árvore da qual eu lhe tinha proibido comer?" 12 O homem respondeu: "A mulher que me deste por companheira deu-me o fruto, e eu comi." 13 Javé Deus disse para a mulher: "O que foi que você fez?" A mulher respondeu: "A serpente me enganou, e eu comi." 14 Então Javé Deus disse para a serpente: "Por ter feito isso, você é maldita entre todos os animais domésticos e entre todas as feras. Você se arrastará sobre o ventre e comerá pó todos os dias de sua vida. 15 Eu porei inimizade entre você e a mulher, entre a descendência de você e os descendentes dela. Estes vão lhe esmagar a cabeça, e você ferirá o calcanhar deles." 16 Javé Deus disse então para a mulher: "Vou fazê-la sofrer muito em sua gravidez: entre dores, você dará à luz seus filhos; a paixão vai arrastar você para o marido, e ele a dominará." 17 Javé Deus disse para o homem: "Já que você deu ouvidos à sua mulher e comeu da árvore cujo fruto eu lhe tinha proibido comer, maldita seja a terra por sua causa. Enquanto você viver, você dela se alimentará com fadiga. 18 A terra produzirá para você espinhos e ervas daninhas, e você comerá a erva dos campos. 19 Você comerá seu pão com o suor do seu rosto, até que volte para a terra, pois dela foi tirado. Você é pó, e ao pó voltará." 20 O homem deu à sua mulher o

> nome de Eva, por ser ela a mãe de todos os que vivem. 21 Javé Deus fez túnicas de pele para o homem e sua mulher, e os vestiu. 22 Depois Javé Deus disse: "O homem se tornou como um de nós, conhecedor do bem e do mal. Que ele, agora, não estenda a mão e colha também da árvore da vida, e coma, e viva para sempre." 23 Então Javé Deus expulsou o homem do Jardim do Éden para cultivar o solo de onde fora tirado. 24 Ele expulsou o homem e colocou diante do Jardim do Éden os querubins e a espada chamejante, para guardar o caminho da árvore da vida.

Os mitos podem ser lidos como mapas para a jornada da vida. O mito do Jardim do Éden é um com o qual me digladio desde meus 7 anos. Quantas vezes falei mal dos nossos dois ancestrais, culpando-os pela besteira que fizeram ao comerem a fruta proibida, perdendo assim seu paraíso? Seu paraíso, não; nosso paraíso. Isso acontecia sempre que devia tomar uma injeção, coisa então comum quando uma gripe me pegava. O pavor da picada — mais do que a dor, a expectativa da dor — me levava a vituperar contra esses avós dos avós dos avós, que me haviam tirado do paraíso onde, sem dúvida, as injeções ou não doeriam ou não seriam necessárias. Naquela época, não me ocorria — ou me faltava coragem — insultar Javé. Preferia direcionar minha revolta para Adão e Eva.

Por que Deus deveria proibir Adão e Eva de comer o fruto da Árvore do Conhecimento? Isso não fazia sentido para o menino de 7 anos que eu era. Encontrei uma explicação fácil em um livro infantil sobre a Bíblia. Dizia que os frutos da árvore representam o conhecimento da felicidade e do infortúnio, e que Deus proibiu que fossem comidos porque não queria que o homem se tornasse infeliz. Muito simplista! Esta explicação não satisfez nem mesmo à criança de 7 anos.

O tempo passou, eu cresci, tomei conhecimento dos ensinamentos de Jung, e hoje o Jardim do Éden é o meu mito favorito. Minha escolha para darmos partida em nossa jornada pelos segredos da Bíblia, pelas sendas do nosso mundo interior. Esse mito é um dos mais conhecidos e menos compreendidos. Por que Deus não haveria de querer que o homem comesse do fruto da Árvore do Conhecimento? Por que Deus não haveria de querer que o ser humano fosse capaz de distinguir entre o bem e o mal? Sem esse conhecimento, o homem seria mais um animal sobre a Terra. No máximo, o rei dos animais. E, inconsciente, nem mesmo saberia que era rei.

Seria este o objetivo de Deus para o homem? Duvido. Um Deus onisciente, que não quisesse que o homem comesse o fruto proibido, que a lenda afirma ser uma maçã, não criaria e poria no jardim a cobra ou a macieira. Ele colocou a cobra no jardim para levar a maçã ao homem. O homem tinha que comer a maçã, a fruta do conhecimento. E Deus queria que isso acontecesse. Por que, então, o homem foi expulso do jardim? Como entender os atos de Javé?

Nos primórdios da era cristã, existiu um grupo gnóstico — os naasenos — que pregavam ser Javé um semideus mau, que pretendia manter o homem na ignorância. Para esse grupo, o Deus Maior, o Deus da Luz, se encarnou na serpente para salvar o homem da ignorância, de uma vida inconsciente. Esse grupo deriva seu nome de *naas*, palavra latina que significa *serpente*, animal adorado por eles.

Um mito grego também faz coro com essa interpretação. Segundo ele, os deuses criaram os animais, dando a cada um dom. Ao cavalo, a velocidade; ao leão, a força; aos pássaros, o poder de voar. Chegando a vez do homem, o último a ser criado, nada mais havia para lhe ser dado. O homem, fraco e lento, seria presa fácil de animais predadores, e os deuses pouco se importaram com isso. Um titã, Prometeu, ficou com pena do homem e roubou o fogo, prerrogativa dos deuses, para dá-lo ao homem, e foi por esse ato cruelmente punido. De posse do fogo, o homem pôde sobreviver e dominar os animais. O fogo, a luz, pôde ser entendido como uma metáfora para a consciência, exatamente a qualidade que Adão e Eva ganharam ao comer a maçã.

Seria Javé um semideus mau? Seria ele, como os deuses do panteão grego, indiferente ao homem? Os mitos gregos nos mostram deuses muito pouco preocupados com os homens, e somente quando um ser humano entra em seu caminho eles voltam suas atenções para o homem, geralmente para puni-lo.

Será que Javé queria que o homem desenvolvesse sua consciência, e a expulsão do jardim foi o meio por ele usado para acelerar esse processo? Minha resposta é sim. A pergunta seguinte é como, tendo deixado o Jardim do Éden, deve prosseguir em sua busca da consciência? Ele não pode voltar ao prévio estado de beatífica inconsciência, porque Deus colocou querubins, com espadas chamejantes, nas entradas do jardim, para garantir a impossibilidade desse retorno.

Poderiam os seres humanos serem felizes no Jardim do Éden? Um pescador vivia miseravelmente em uma cabana no meio do mato. Sua vida era dura, nem sempre ele conseguia pescar para alimentar a mulher e os três filhos, e freqüentemente eles passavam fome. O pescador não sabia que, enterrado debaixo de sua casa, existia um imenso tesouro de ouro e pedras preciosas. Esse tesouro pertencia a ele, legado deixado por um longínquo ancestral. Era o pescador rico ou pobre? Era o homem, vivendo no Jardim do

Éden, feliz ou infeliz? Sem consciência, não era nem uma coisa nem outra. Como poderia saber se era feliz? Como o pescador poderia saber que possuía um tesouro, que era rico? O máximo que poderíamos dizer seria que, mesmo com o seu tesouro enterrado, o pescador era pobre, ainda que potencialmente rico. O homem também poderia ser potencialmente feliz.

O homem tem que buscar a consciência, tem que comer a fruta do conhecimento do bem e do mal, sair do Jardim do Éden, buscar a consciência seguindo sua jornada de individuação. Por esse motivo, Javé colocou a cobra no jardim.

Pode o homem tornar-se totalmente consciente em uma única existência ou para isso seria necessário, como propõe o pensamento oriental, que voltemos à Terra para uma série de reencarnações? Existem vários relatos de indivíduos que trabalham com doentes terminais, atestando haverem estes atingido, nos dias que antecederam suas mortes, estados de iluminação que os tornavam pessoas bem melhores, bem mais completas. E isso ocorre independentemente da idade, tendo sido observado mesmo em jovens. Porém não podemos afirmar que isso ocorra com todas as pessoas.

Nosso lado racional sugere que uma pessoa, com uma vida de grandes crimes e maldades, não deveria atingir o mesmo estágio de individuação que outra, com um desenvolvimento espiritual elevado. Mas, em assuntos que envolvem o lado espiritual, o racional pouco conta. Como explicar o bom ladrão, crucificado ao lado de Jesus, que subiu aos céus?

Jung conceitua a individuação como um processo de conscientização. Portanto, não acabaria nunca. O homem pode progredir na jornada de individuação, como também pode regredir, mas nunca chegaria ao estado final — um ser completamente individuado, um ser completamente consciente, um ser, na terminologia oriental, iluminado.

Os budistas ensinam que o indivíduo precisa de milhares de existências para se iluminar, e que seu objetivo de vida — de muitas vidas — deve ser se aperfeiçoar para atingir a iluminação, o que evitaria futuras encarnações. Já no conceito junguiano de individuação isso nunca ocorre, pois se define individuação como um processo, uma jornada que, a despeito de ter uma meta, permite que nos aproximemos cada vez mais dela, sem nunca atingi-la. Dentro da perspectiva junguiana, o homem nunca poderia se conscientizar de todo o material arquivado em seu lado inconsciente. O conceito junguiano se afina melhor com os ensinamentos da Bíblia.

Que verdade maior nos propicia o mito do Éden, inverossímil sob a ótica da ciência? O que podemos aprender — ou apreender — com ele? Esse mito vem nos dizer que o homem tem que buscar a consciência, buscar conhecer o bem e o mal. Adão e Eva, no início da história, nem mesmo sabiam que estavam nus. Foi preciso que comessem a maçã para perceberem isso. Nosso casal ancestral estava no estágio do bebê, que nasce sem noção do eu e do meu.

A vida força o bebê a se desenvolver e em poucos meses ele cria a noção do eu e do meu. Nasce seu Ego. Ele, que vivia inconsciente, sentindo-se como parte inseparável da mãe, percebe agora, ainda que de maneira tênue, que é um indivíduo separado. Começa a ser expulso do jardim.

Por que o homem tem que crescer? Por que tem que ser expulso do jardim? Por que tem que desenvolver seu Ego? Por que tem que criar consciência? É o mistério da vida. Por que o filhote da águia tem que voar? Por que o peixinho tem que nadar? Por que a semente de carvalho tem que se transformar em árvore?

O homem nasce como se dentro dele houvesse um corneteiro tocando avançar. Como em um campo de batalha, ele tem que seguir em frente, seguir a tropa. Se você está na porta de um estádio de futebol esperando sua abertura, com uma multidão atrás de você, quando os portões se abrem você não consegue ficar parado. Assim é também na tomada de consciência do bebê. É a vida, é o mistério da vida.

Uma noção geralmente aceita pelos psicólogos, principalmente os junguianos, é que na primeira metade da vida o ser humano deve fortalecer seu Ego. Na segunda metade, a tarefa seria a individuação, a aceleração da expansão da consciência pela absorção de partes do inconsciente. Porém esse processo não pode ser visto como se essas duas fases fossem completamente separadas. Uma imagem mais válida seria ver a tomada de consciência como uma jornada por uma escada espiral, que leva o ser humano para mais próximo de seu principal objetivo — maior consciência. Ao lado da espiral se encontra um eixo, que representa o *Self* — o arquétipo central da psique —, que coordena o inconsciente do ser humano. Ao subir os degraus, a escada se aproxima e se afasta desse eixo. Quem sobe é o Ego; o eixo é o *Self*. O *Self* é o centro da psique, englobando o Ego — o consciente — e o inconsciente. O *Self* ordena toda a psique humana, enquanto o Ego é o centro da consciência, a parte menor da psique.

A imagem da Terra girando em torno do Sol também é uma boa metáfora para o processo de desenvolvimento dos seres humanos. A Terra — o Ego — se aproxima do Sol — o *Self* — no verão, recebe mais energia solar, e se afasta no inverno. As plantas que, recebendo a energia do Sol, crescem e se desenvolvem, hibernam no inverno. O processo de conscientização do Ego é semelhante. Ao se aproximar

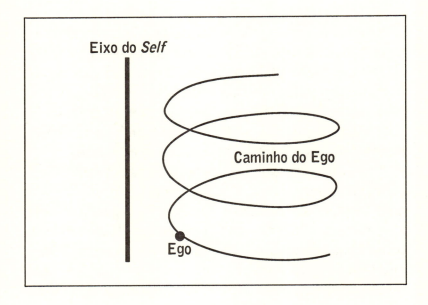

do *Self*, o Ego absorve parte do conteúdo do inconsciente, se conscientiza de um pequeno pedaço do inconsciente. Ao seguir seu caminho, se afastar, ele processa e entende o que absorveu. O processo poderia ser visto também como o encontro do professor — o *Self* — com o aluno — o Ego. O aluno se aproxima do professor, recebe a lição e se afasta para estudá-la em casa.

Esse processo, enquanto o Ego ainda não está fortalecido — nos primeiros anos da vida —, funciona automaticamente. Ao bebê não é dada a escolha entre criar ou não seu Ego; à criança não é dada a escolha de fortalecer seu Ego. As coisas acontecem naturalmente. Entretanto, depois que o Ego já adquiriu certa estrutura, o processo perde parte de seu automatismo. O Ego adquire força para se opor ao processo. Mesmo na entrada do estádio de futebol, com a pressão da multidão por trás, você pode se desviar, esconder-se em um canto, evitar ser empurrado para dentro do estádio. Por que fazer isso? Porque o processo de crescimento pode ser doloroso, e alguns tentam evitá-lo.

Essa fuga ao crescimento acontece com mais freqüência na segunda metade da vida, quando o Ego está mais fortalecido, mais acostumado a escolhas. Para evitar o crescimento, o ser humano pode, às vezes inadvertidamente, se esconder atrás de um obstáculo. Evitar pensar na vida é uma doença que ataca muitos seres humanos, especialmente os materialistas ocidentais. O *workaholic*, que só pensa no trabalho e não tem tempo para pensar na vida, está com seu processo de crescimento — de individuação — interrompido. Também o ativista político, que acha que vai salvar seu país, salvar o mundo, e não tem tempo de pensar na sua própria vida, não tem tempo para cuidar do seu lado espiritual.

O mito da criação do homem e sua expulsão do jardim resistiu aos séculos, apesar de cientificamente inverossímil, exatamente porque nos traz uma verdade fundamental. Se fosse somente uma história boba, não teria sobrevivido por tantos séculos. Quem não quiser ouvir seus ensinamentos se arrisca a perder o trem. A jornada da vida é longa e difícil. Por que perder o trem e ter que seguir a pé? Por que ficar parado, esperando a morte?

CAPÍTULO 4

As origens da Terra

O primeiro capítulo da Bíblia descreve de forma diferente a criação do mundo.

Gênesis — capítulo 1

1 No princípio, Deus criou o céu e a terra. 2 A terra estava sem forma e vazia; as trevas cobriam o abismo e um vento impetuoso soprava sobre as águas. 3 Deus disse: "Que exista a luz!" E a luz começou a existir. 4 Deus viu que a luz era boa. E Deus separou a luz das trevas: 5 à luz Deus chamou "dia", e às trevas, chamou "noite". Houve uma tarde e uma manhã: foi o primeiro dia. 6 Deus disse: "Que exista um firmamento no meio das águas para separar águas de águas!" 7 Deus fez o firmamento para separar as águas que estão acima do firmamento das águas que estão abaixo do firmamento. E assim se fez. 8 E Deus chamou ao firmamento "céu". Houve uma tarde e uma manhã: foi o segundo dia. 9 Deus disse: "Que as águas que estão debaixo do céu se ajuntem num só lugar, e apareça o chão seco." E assim se fez. 10 E Deus chamou ao chão seco "terra", e ao conjunto das águas "mar". E Deus viu que era bom.

O primeiro aspecto importante a ressaltar é que Deus começa seu trabalho de criação partindo de uma massa informe. Esse tema se repete em diversos mitos de criação dos mais diferentes povos da Terra. Alguns exemplos tirados do livro *Mitos paralelos*, mencionado na Bibliografia, nos mostram que nesse ponto a Bíblia não era original e que a idéia da vida nascendo do caos, uma idéia hoje aceita até mesmo pela ciência, já existia em diversas mitologias ao redor do mundo.

1. Mito da Índia, Rig Veda: "No princípio não havia nada, nem não-existência nem existência."
2. Mito da Índia, Upanishad: "No início não havia nada a não ser Brahma, a Grande Individualidade."
3. Mito do Irã, livro sagrado de Zoroastro: "Ormuzd começou seu trabalho de criação lançando luz pura no vasto abismo."
4. Mito nórdico: "No início não havia céu e terra, só uma vasta profundeza envolta pela neblina."
5. Mito grego de Eurínome: "No início havia o caos e a escuridão. O Caos era um vasto mar, onde os elementos todos se misturavam sem forma."
6. Mito Yoruba da África Ocidental: "No início o mundo era um caos informe, que não era mar nem terra."
7. Mito egípcio: "No início só existia o abismo aquoso, de onde emergiu Rá, o Deus do Sol."
8. Mito chinês: "No princípio só existia o Caos, que era como um ovo. As partes do ovo se separaram no Yin e Yang, os princípios feminino e masculino."
9. Mito japonês: "No início só havia um mar oleoso do Caos."

10. Mito americano Yuma: "No início não havia nada, a não ser água e escuridão."

Esses mitos podem ser entendidos como uma forma metafórica de resgatar a experiência intra-uterina, onde o feto existia na água e na escuridão.

O caos começa a se transformar quando Deus cria a luz. Tudo isso mostra o processo de nascimento da consciência. A criação da luz é uma metáfora para a criação da consciência. Na medida em que o céu e a Terra se separam, passam a ser vistos distintamente, o homem ganha consciência deles, fator que não tinha quando tudo era um caos, uma massa informe. Deus cria a luz, a consciência, permitindo a discriminação, o reconhecimento das coisas. Vale lembrar que, no mito do Éden, Adão e Eva não tinham nem mesmo consciência de estarem nus antes de comerem a maçã.

Um aspecto interessante é que em hebraico a primeira palavra do Gênesis é *"bereshith"*. Esta palavra está traduzida como *no princípio*. Porém pode também significar *sabedoria*. Com este novo significado, a primeira frase da Bíblia seria: "Com sabedoria, Deus criou o céu e a terra."

Qual seria a tradução correta? Será que poderíamos buscar ajuda na própria Bíblia? No Livro dos Provérbios, no capítulo 8, versos 22 a 30, a Sabedoria nos fala:

Provérbios — capítulo 8

22 Javé me produziu como primeiro fruto de sua obra, no começo de seus feitos mais antigos. 23 Fui estabelecida desde a eternidade, desde o princípio, antes que a terra começasse a existir. 24 Fui gerada quando o oceano ainda não existia e antes que existissem as fontes de água. 25 Fui gerada antes que as montanhas e colinas fossem implantadas, 26 quando Javé ainda não tinha feito a terra e a erva, nem os

> primeiros elementos do mundo. 27 Quando ele fixava o céu e traçava a abóbada sobre o oceano, eu aí estava. 28 Eu me achava presente quando ele condensava as nuvens no alto e fixava as fontes do oceano; 29 quando punha um limite para o mar, de modo que as águas não ultrapassassem a praia; e também quando assentava os fundamentos da terra. 30 Eu estava junto com ele, como mestre-de-obras. Eu era o seu encanto todos os dias, e brincava o tempo todo em sua presença; 31 brincava na superfície da terra, e me deliciava com a humanidade.

Existem bons argumentos para acreditar que a Terra foi criada com a ajuda da Sabedoria, a Sofia que existia antes dos tempos, antes de se iniciar o processo de transformação do caos em céu e Terra. Esse foi um processo de discriminação, de tomada de consciência. Sem sabedoria não poderia haver consciência, de onde poderíamos concluir que a Terra — e a vida — foi criada pela sabedoria. A sabedoria que criou o Big-Bang?

Se voltarmos nossa atenção para a expulsão do Jardim do Éden, veremos que o processo de aumentar a consciência humana, retratado no mito de Éden, já vinha sugerido no mito da criação.

As duas versões do mito da criação do homem nos dão uma lição: o objetivo do ser humano, em sua vida na Terra, é ganhar e aumentar sua consciência. Esta é a idéia que se repete em vários capítulos da Bíblia. Poderíamos mesmo concluir que o ser humano vem à Terra — ganha a vida — para buscar a consciência, para buscar a luz. A busca da consciência é o objetivo da vida.

Vale repetir o já mencionado conselho na entrada do templo de Apolo: "Conhece-te a ti mesmo." Todas as indicações apontam para o mesmo caminho, que Jung chamou de caminho da individuação. O ser humano tem que se tornar, progressivamente, mais consciente. Deve resgatar para o lado consciente da sua psique elementos escondidos em seu inconsciente. Este não é um processo fácil, sem dor. Pelo contrário, a vida do ser humano mais se assemelha a uma tragédia, cujo fim é a morte.

O genial escritor Hermann Hesse, que chegou a ser analisado por Jung, cita em seu romance *O lobo da estepe* que a missão do lobo é dilatar dolorosamente sua própria alma para chegar, talvez, algum dia, ao fim, ao descanso.

Os ocidentais estão mal preparados para esse último capítulo de vida. Em geral, temem a morte, temem a velhice e as doenças que vêm com ela. Somente alguns, aqueles espiritualmente bem preparados, podem chegar ao estágio final da vida com tranqüilidade, em paz com a vida e em paz com a morte.

CAPÍTULO 5

Caim e Abel

O Gênesis, em seu capítulo 4, conta a história de Caim e Abel:

Gênesis — capítulo 4

1 O homem se uniu a Eva, sua mulher, e ela concebeu e deu à luz Caim. E disse: "Adquiri um homem com a ajuda de Javé." 2 Depois ela também deu à luz Abel, irmão de Caim. Abel tornou-se pastor de ovelhas e Caim cultivava o solo. 3 Depois de algum tempo, Caim apresentou produtos do solo como oferta a Javé. 4 Abel, por sua vez, ofereceu os primogênitos e a gordura do seu rebanho. Javé gostou de Abel e de sua oferta, 5 e não gostou de Caim e da oferta dele. Caim ficou então muito enfurecido e andava de cabeça baixa. 6 E Javé disse a Caim: "Por que você está enfurecido e anda de cabeça baixa? 7 Se você agisse bem, andaria com a cabeça erguida; mas, se você não age bem, o pecado está junto à porta, como fera acuada, espreitando você. Por acaso, será que você pode dominá-lo?" 8 Entretanto Caim disse a seu irmão Abel: "Vamos sair." E quando estavam no campo, Caim se lançou contra o seu irmão Abel e o matou. 9 Então Javé per-

guntou a Caim: "Onde está o seu irmão Abel?" Caim respondeu: "Não sei. Por acaso eu sou o guarda do meu irmão?" 10 Javé disse: "O que foi que você fez? Ouço o sangue do seu irmão clamando da terra para mim. 11 Por isso você é amaldiçoado por essa terra que abriu a boca para receber de suas mãos o sangue do seu irmão. 12 Ainda que você cultive o solo, ele não lhe dará mais o seu produto. Você andará errante e perdido pelo mundo." 13 Caim disse a Javé: "Minha culpa é grave e me atormenta. 14 Se hoje me expulsas do solo fértil, terei de esconder-me de ti, andando errante e perdido pelo mundo; o primeiro que me encontrar, me matará." 15 Javé lhe respondeu: "Quem matar Caim será vingado sete vezes." E Javé colocou um sinal sobre Caim, a fim de que ele não fosse morto por quem o encontrasse. 16 Caim saiu da presença de Javé, e habitou na terra de Nod, a leste do Éden.

Caim e Abel fizeram oferendas a Deus, mas Ele achou graça apenas na oferenda de Abel. Disso resultou um assassinato. Quem é o grande culpado? Caim, que executou o crime, ou um Senhor insensível, que desprezou a oferenda que lhe foi trazida por Caim?

Uma constatação importante, apontada por psicólogos junguianos, é que a história da civilização humana através dos tempos e a aquisição de consciência pela raça humana seguem paralelas à história da evolução individual de cada ser humano. Adão e Eva, ao comerem a fruta da Árvore do Conhecimento, conseguiram atingir um estágio inicial de consciência. Seus filhos, Caim e Abel, não estavam muito mais adiantados no desenvolvimento de sua consciência. Poderíamos dizer que estavam ainda em estágio infantil, embora já fossem cronologicamente adultos quando ocorreu o episódio relatado na Bíblia.

Qual a reação do primogênito quando do nascimento de um irmão? Qual a reação de irmãos competindo pelo amor dos pais, especialmente da mãe? É uma reação de ódio. Eu, Roberto, sou o primogênito, e minha mãe me relatou a raiva que eu tinha de meu irmão, quase cinco anos mais novo, tão logo ele nasceu. Eu queria bater nele, agredi-lo, fazê-lo desaparecer da minha vida, para que minha mãe voltasse a dedicar a mim a totalidade de seu amor. Provavelmente, vendo a atenção a ele dispensada, devida a qualquer recém-nascido, eu julgasse que perderia o amor de meus pais. A reação de Caim, especialmente depois de constatar a preferência do Senhor por Abel, foi absolutamente previsível. No baixo nível de consciência que a humanidade havia atingido, fez o que era esperado de uma criança com força de homem: matou Abel.

No mundo atual não se espera esse desfecho entre adultos que tenham atingido um nível de conscientização superior ao de uma criança. Porém, em uma fase bastante primitiva do desenvolvimento da humanidade, essa atitude de Caim era absolutamente esperada, pois seu nível de consciência poderia ser comparado ao de uma criança. O desenvolvimento da humanidade através dos séculos, que resultou em um patamar de consciência mais elevado, é o que impede essa reação, inadmissível entre irmãos adultos no mundo moderno. Nos primórdios da civilização, Caim fez o que era esperado e justificado pelo nível de consciência que os seres humanos haviam alcançado.

Porém, apesar dos séculos e séculos de desenvolvimento da consciência, ainda não podemos afirmar que o nível desta atingido pela humanidade como um todo seja elevado. Mesmo no século XXI, não conseguimos nos livrar de guerras que matam milhares de pessoas, muitas dessas sendo feitas em nome de Deus. Ainda vemos o homem moderno destruindo o meio ambiente e colocando em risco sua vida no planeta. Será que o homem vai se desenvolver — se tornar mais consciente — a tempo de se salvar, a tempo de evitar a destruição do planeta? O homem do século XXI talvez não mate seu irmão, mas mata o planeta, e, indiretamente, mata a si mesmo, mata seus filhos, mata seus netos.

Diz o ditado que a velocidade de uma caravana é a do seu membro mais lento. A consciência de um grupo se ajusta pela consciência do menos lúcido de seus membros, um fenômeno comprovado pela história da humanidade e observado em estudos da psicologia das massas. O ato criminoso, que um indivíduo não cometeria isolado, comete-o enquanto parte de um grupo, enquanto soldado de um exército, enquanto membro de uma multidão.

A humanidade ainda precisa progredir bastante em sua busca da consciência, em sua busca da luz. Esperamos que isso ocorra rapidamente, antes que a vida na Terra se torne impossível. Não acredito que tenhamos muito tempo para isso; temos que nos desenvolver rapidamente. Meu desejo é que, na Era de Aquário, nosso crescimento se acelere, e o ser humano, dito civilizado, se torne bem mais civilizado, bem mais consciente. Só assim poderá sobreviver, evitando a extinção que já vitimou tantas espécies animais neste planeta.

PARTE C

Homem maior que si mesmo

Existem fases em que os seres humanos vivem em um estado de otimismo exagerado, em que julgam suas capacidades muito superiores ao que realmente são. Um exemplo extremado ocorre em pessoas com síndrome bipolar — antigamente denominada PMD — quando em seu período expansivo. Em momentos como esse, o ser humano acha que tem poderes superiores aos que possui, julgando-se quase um semideus. Isso se chama inflação psicológica. O indivíduo entra em negócios arriscados, confiando em uma competência que julga ter, executa ações arriscadas, pondo em perigo até mesmo sua integridade física.

Quantos Ayrton Senna do asfalto acham que podem dirigir em excessiva velocidade, especialmente quando afetados por bebida alcoólica? Os gregos chamavam a inflação psicológica de *hybris* — freqüentemente traduzida por soberba —, que eles retrataram em diversos mitos como o de Ícaro, de Faetonte e outros. Esse fenômeno — inflação psicológica — ocorre com mais freqüência do que gostaríamos em certos períodos de nossas vidas, e alguns mitos bíblicos o retratam com perspicácia. Entender esse estado é um importante passo para reconhecer quando ele nos afeta e evitar os riscos que lhe são inerentes.

CAPÍTULO 6

O Dilúvio

A simbologia do Dilúvio aponta para o fenômeno de inflação psicológica, que os gregos denominavam *hybris*. No capítulo 6 do Gênesis está escrito:

Gênesis — capítulo 6

1 Quando os homens se multiplicaram sobre a terra e geraram filhas, 2 os filhos de Deus viram que as filhas dos homens eram belas, e escolheram como esposas todas aquelas que lhes agradaram. 3 Javé disse: "Meu sopro de vida não permanecerá para sempre no homem, pois ele é carne, e não viverá mais do que cento e vinte anos." 4 Nesse tempo, isto é, quando os filhos de Deus se uniram com as filhas dos homens e geraram filhos, os gigantes habitavam a terra. Esses foram os heróis famosos dos tempos antigos. 5 Javé viu que a maldade do homem crescia na terra e que todo projeto do coração humano era sempre mau. 6 Então Javé se arrependeu de ter feito o homem sobre a terra, e seu coração ficou magoado. 7 E Javé disse: "Vou exterminar da face da terra os homens que criei, e junto também os animais, os répteis e as aves do céu, porque me arrependo de os ter feito." 8 Noé, porém, encontrou graça aos olhos de Javé.

A união de seres humanos com deuses é uma metáfora para a situação de inflação psicológica, pecado que é sempre punido. Javé resolveu enviar o castigo: exterminar os homens da face da Terra. Porém, Javé reconhece que um homem, Noé, merece ser salvo. Javé manda que Noé construa uma arca, um grande barco, e que nela coloque um casal animal de cada espécie. Então, Ele envia o Dilúvio.

O tema da inundação é comum nos mitos de vários povos. Vejamos alguns exemplos recolhidos do já mencionado *Os mitos paralelos*.

1. **O dilúvio da Índia:** Manu era um homem que, ao encher um vaso com água do rio, trouxe junto um pequeno peixe. Este falou: "Se você cuidar de mim e me proteger até que eu cresça, prometo salvá-lo." "Salvar-me, como?", perguntou Manu. O peixe então lhe relatou o terrível dilúvio que se abateria sobre a Terra e mataria homens e animais. O peixe mandou Manu construir um grande barco para se salvar.
2. **O dilúvio da Babilônia:** Os deuses avisaram a Utnapishtim que haveria um terrível dilúvio, e mandaram que ele derrubasse sua casa e construísse um grande barco, onde deveria abrigar animais de todas as espécies.
3. **O dilúvio asteca:** Durante a era do quarto Sol as pessoas ficaram muito malvadas. Os deuses ficaram zangados, e Tlaloc, o deus da chuva, anunciou ao casal Tata e Nena que iria destruir o mundo. Mandou-os preparar uma canoa com um tronco, entrar nela e nada comer. Porém o casal desobedeceu-lhe, pescou um peixe e, como castigo, também foi destruído.

4. **O dilúvio grego:** A humanidade se tornou perversa e arrogante, e Zeus decidiu destruí-la. Prometeu, avisado do dilúvio, informou seu filho humano, Deucalião, e o colocou com sua esposa Pirra em uma grande arca de madeira.
5. **O dilúvio dos índios knisteneaux:** Um grande dilúvio cobriu a Terra, destruindo todas as nações. Enquanto as pessoas estavam se afogando, uma jovem virgem, chamada K-wap-tah-w, agarrou o pé de um pássaro gigante, que a levou para uma grande montanha. Ali, a jovem teve gêmeos, gerados pela águia. E esses gêmeos repovoaram o mundo.
6. **O dilúvio dos incas:** No período Pachama, a humanidade mostrava-se cruel, bárbara e homicida. Apenas dois irmãos pastores se mantinham puros. As lhamas lhes contaram sobre o iminente dilúvio, e eles se salvaram refugiando-se nas cavernas mais altas dos Andes.

A repetição do tema nos mitos de tantos povos gerou a especulação de que um grande dilúvio, de proporções planetárias, poderia ter existido. Apesar da possibilidade de terem ocorrido fenômenos locais, não existem indícios arqueológicos para embasar a idéia de um dilúvio universal, que cobrisse toda a Terra. Porém, como já discutimos, a inverdade do fato não invalida a verdade maior, a verdade do mito, a verdade psicológica.

Joseph Campbell cogita que o tema do Dilúvio poderia retratar a situação que ocorre com o ser humano a cada noite; a inundação do seu Ego, do seu consciente, pelas águas do inconsciente. Vale lembrar que a água — lagos e mares — freqüentemente é, em nossos sonhos, símbolo do inconsciente.

O mito do Dilúvio retrata uma situação de inflação psicológica. O homem — o Ego — tenta chegar muito próximo de Deus — do inconsciente coletivo — e se confundir com ele. O casamento entre seres humanos e deuses aponta para essa situação. O resultado dessa pretensão é receita certa para grandes desastres. O processo de absorver os ensinamentos guardados no inconsciente — o processo de conscientização que Jung chamou de individuação — não pode acontecer de repente. Tem que ser gradual, com uma maturação adequada ao estágio de cada indivíduo. Caso contrário, teremos inflação psicológica.

Quantas vezes, quando tudo estava dando certo em sua vida, você julgou que tudo podia? Quantas vezes você se arriscou além do necessário, confiante em que venceria? Quantas vezes você se sentiu quase um semideus?

Uma piada sobre o vaidoso presidente francês Charles de Gaulle retrata essa situação. Dizem que De Gaulle, herói da Resistência durante a Segunda Guerra Mundial, depois de receber a faixa presidencial foi para seu quarto, retirou sua roupa e se postou completamente nu em frente a um espelho, vestindo somente a faixa presidencial. Sua mulher abre a porta e entra repentinamente no aposento. Vendo-o nu, exclama espantada: "Meu Deus!" Ao que o presidente retrucou: "Na intimidade, pode me chamar de Charles mesmo." As pessoas, quando chegam a uma posição elevada, se não tiverem bom equilíbrio emocional, têm tendência a se ver acima do bem e do mal, um semideus. Isso explica tantas quedas espetaculares de altos mandatários, pegos em atos não permitidos aos simples mortais. O presidente Nixon é um bom exemplo.

Outro exemplo, esse da mitologia grega, que retrata perfeitamente essa situação de inflação, é o mito de Ícaro. Dédalo, pai de Ícaro, era um arquiteto famoso que fugiu de Atenas para não ser condenado pela morte de um sobrinho.

Partiu para Creta onde foi muito bem recebido pelo rei Minos, que conhecia sua fama de excelente profissional. Depois de viver alguns anos em Creta, achando que seu crime já tivesse sido esquecido, resolveu voltar para Atenas. Mas, apesar da grande admiração que o rei tinha por ele, ou talvez por causa disso, não lhe era permitido deixar a ilha de Creta. Dédalo, um artista criativo, depois de estudar com cuidado o vôo dos pássaros, construiu asas para si e para Ícaro, usando penas de pássaros, que abundavam na ilha, e colando-as com cera. Com elas, puderam voar e deixar a ilha. No meio do oceano, Ícaro, entusiasmado com seu poder de voar, resolveu subir até o Sol. O calor derreteu a cera que prendia as penas, e Ícaro caiu no mar, morrendo em seguida.

Ícaro achou que podia chegar perto do Deus Sol. Sempre que o ser humano quer se aproximar dos deuses — sem a proteção de um ritual adequado, uma preparação —, um estado de inflação psicológica ocorre, resultando em uma tragédia. Os deuses podem escolher se aproximar dos seres humanos, como no caso dos anjos que buscaram as mulheres humanas. Porém o ser humano precisa se desenvolver e atingir um estágio de consciência que lhe permita essa aproximação. Isso é o que acontece com os homens santos. Alternativamente, o ser humano precisa estar protegido por um ritual — o rito cristão da missa, por exemplo —, pois ele não pode pensar, sem que atraia a desgraça sobre sua cabeça, que é prerrogativa do seu Ego aproximar-se dos deuses sem uma longa preparação ou a proteção de um rito. Ele pode e deve respeitar os deuses, cultuar os deuses, mas nunca pensar que os tem sob seu controle e que pode, a seu bel-prazer, se chegar a eles, casar com eles. Isso é inflação — psicológica — sempre punida, sempre castigada.

Em algumas ocasiões em minha vida o conhecimento do mito de Ícaro foi-me bastante útil. Evitou que me aventurasse em empreendimentos acima de minhas forças. É verdade que em outras ocasiões, quando esqueci essa lição, sofri as conseqüências desse esquecimento e "quebrei a cara".

Sempre que o homem acha que pode fazer obras e atos que estão acima da sua capacidade, ele é punido. Já mencionamos que esse estado de inflação é ressaltado quando pessoas com síndrome bipolar estão em sua fase expansiva. Acham que tudo podem, e são punidos por isso. Existem casos de pessoas que, quando estão nessa fase, começam a comprar tudo o que vêem, sem ter condições financeiras para tal e sem olhar para o preço das coisas, deixando elas mesmas e suas famílias em grandes apuros. A depressão é o outro lado da moeda, e em casos extremos pode levar ao suicídio.

Segundo a Bíblia, toda a humanidade é destruída, exceto Noé e sua família, com quem Javé estabeleceu uma aliança. Por que Deus fez a aliança com Noé? Diz a Bíblia: "Noé era um homem justo e íntegro entre seus contemporâneos, e sempre andou com Deus" (Gn. 6.9). Esta afirmação parece indicar que ele havia atingido um nível de consciência superior ao de seus contemporâneos, o que justificaria sua preservação. Examinando a situação do ponto de vista de Noé, ele se salvou porque, tendo atingido um nível de consciência mais elevado, soube evitar a inflação, soube se salvar do Dilúvio. Porém, ao contrário de Abraão, que suplicou ao Senhor para salvar os habitantes de Sodoma e Gomorra, Noé não levantou sua voz para pedir clemência para seus conterrâneos. O estágio de consciência que Noé havia atingido não lhe permitia ainda o sentimento de compaixão. Seu incipiente desenvolvimento da consciência fica evidenciado quando, já velho, ele se embriaga. A embriaguez representa a perda da consciência e seria equivalente ao Dilúvio. No fim de sua vida, Noé não conseguiu se salvar do Dilúvio.

Esse episódio, relatado em Gn. 9.20, indica que os progressos no caminho da aquisição de consciência podem ser perdidos ao longo da vida. Você pode também andar para trás. A tomada de consciência é planta tenra, que deve ser protegida. Faltava compaixão a Noé, e isso pode ter sido a causa de sua queda. As grandes religiões de hoje — cristianismo, budismo, judaísmo e o sufismo, o braço esotérico do islamismo — consideram a compaixão como uma das marcas de uma espiritualidade avançada. Em termos junguianos, poder-se-ia dizer, marcas de um estágio avançado na jornada de individuação.

Noé sofreu uma regressão, e tal episódio ensina que cada um de nós também pode regredir, ensina que a manutenção de um estado elevado de consciência é tarefa árdua, exigindo dedicação de toda uma vida. Existem casos de gurus indianos que, expostos à civilização, aos elogios, à bajulação e à riqueza que sua fama de iluminados lhes permitiu alcançar, regrediram para estados inferiores. O caso mais famoso é o do guru indiano Bhagwan Shree Rajneesh, que fez escola e fortuna nos Estados Unidos. Na década de 1980 ele foi processado, expulso de lá e, quando morreu, era proprietário de 99 Rolls-Royces.

Deus havia prometido a Noé: "Nunca mais tornarei a amaldiçoar a terra por causa dos homens, pois a tendência do coração humano é má desde a infância." Será que Ele, o Deus onisciente, esqueceu que havia criado o homem à sua imagem e semelhança, conforme declarou em Gênesis 1.26? Isso mais parece coisa do Deus psicológico, o que confirmaria nossa tese de que o Deus da Bíblia é o Deus psicológico, a imagem de Deus dentro de nossa psique. Em linguagem junguiana, o *Self*.

CAPÍTULO 7

A Torre de Babel

Essa passagem da Bíblia retrata novamente a inflação do ser humano, querendo chegar perto de Deus sem uma adequada preparação. Vamos ver o que a Bíblia nos conta.

Gênesis — capítulo 11

1 O mundo inteiro falava a mesma língua, com as mesmas palavras. 2 Ao emigrar do Oriente, os homens encontraram uma planície no país de Senaar, e aí se estabeleceram. 3 E disseram uns aos outros: "Vamos fazer tijolos e cozê-los no fogo!" Utilizaram tijolos em vez de pedras e piche no lugar de argamassa. 4 Disseram: "Vamos construir uma cidade e uma torre que chegue até o céu, para ficarmos famosos e não nos dispersarmos pela superfície da Terra." 5 Então Javé desceu para ver a cidade e a torre que os homens estavam construindo. 6 E Javé disse: "Eles são um povo só e falam uma só língua. Isso é apenas o começo de seus empreendimentos. Agora, nenhum projeto será irrealizável para eles. 7 Vamos descer e confundir a língua deles, para que um não entenda a língua do outro." 8 Javé os espalhou daí por

> toda a superfície da Terra, e eles pararam de construir a cidade. 9 Por isso a cidade recebeu o nome de Babel, pois foi aí que Javé confundiu a língua de todos os habitantes da Terra, e foi daí que ele os espalhou por toda a superfície da Terra.

O resultado, como era de se esperar, foi um desastre. Porém mesmo alguns desastres servem para nos ensinar lições. Do mesmo modo que a expulsão de Adão e Eva do Jardim do Éden pode ser visto como uma punição, pode também ser considerado como um ato que lhe é favorável, cujo objetivo é forçar o ser humano a iniciar sua jornada de conscientização, de individuação.

Javé pune os homens quando estes tentam fazer uma torre para chegar aos céus, perseguindo o antigo desejo de voltar ao Jardim do Éden. E a aliança que Ele havia feito com Noé e com os homens? Com ou sem aliança, a aproximação prolongada do Ego com o *Self* será punida. A inflação psicológica — *hybris* — não pode ser perdoada. Isso está refletido em muitos mitos. Já mencionamos o mito de Ícaro, mas podemos citar outros. Vejamos um mito que também trata da *hybris* — o mito de Faetonte, filho de Hélios (deus do Sol) com uma mortal. Esse mito merece reflexão mais profunda, pois talvez nos dê a chave para reconhecer que o grande número de acidentes automobilísticos produzidos por jovens ao volante tem outra importante causa que não a mera imperícia e a falta de experiência.

Faetonte sentia-se inferiorizado perante seus amigos, que se recusavam a acreditar ser ele o filho de Hélios. Ele então resolveu lhes dar uma prova, e para isso dirigiu-se ao palácio de seu pai, a quem expôs o problema. "Nunca neguei ser seu pai, filho querido. Peça-me a prova que quiser, que eu a darei." Havendo feito essa promessa solene, Hélios se preocupou quando Faetonte fez seu pedido: "Deixe-me, pai, dirigir por um dia o carro do Sol. Assim, todos saberão que sou seu filho." Preocupado, Hélios retrucou: "Isso é impossível, meu filho. Seria muito perigoso para quem não tem qualquer experiência."

De nada adiantaram as advertências. Faetonte exigiu que a promessa paterna fosse cumprida. Antes que partisse, Hélios lhe fez diversas recomendações e deu-lhe importantes instruções. Faetonte sequer as ouviu, tão excitado que estava.

O resto da história é previsível. Incapaz de controlar os cavalos que puxavam a carruagem do Sol, sem nem mesmo haver se preocupado em conhecer seus nomes, o desastre aconteceu, e Faetonte foi precipitado dos céus para a morte.

De novo a pergunta: quanto essa história se assemelha a de tantos filhos que pegam o carro de pais e, querendo provar serem Ayrton Senna do asfalto, aceleram para a morte? *Hybris, hybris!*

O episódio da Torre de Babel admite, como todo mito importante, mais de uma interpretação. Já mencionamos que os povos primitivos viviam em um estado de *participation mystique*. Ao dispersar os povos e confundir suas línguas, Deus não acabou com o estado primitivo, mas diferenciou um pouco mais o grupo humano, tornando a simbiose, que atingia toda a humanidade, restrita a grupos menores, um passo na direção de paulatinamente erodir o estado de *participation mystique*, em direção a uma conscientização individual, à individuação.

A confusão das línguas e a dispersão dos povos sobre a Terra — castigos que o indivíduo recebeu por sua *hybris* — servem para forçar um desenvolvimento importante na direção de uma consciência maior do ser humano. O homem, tendo passado pelo estágio de bebê — criação do Ego

— e de criança — primeiros desenvolvimentos do Ego —, chega a um estágio em que, para crescer, tem que abandonar o estágio de *participation mystique* com sua tribo, um estágio em que ele vive praticamente em simbiose com os membros da tribo. Antes que esse desenvolvimento seja alcançado, o homem não é um indivíduo na acepção da palavra, mas apenas meio-indivíduo, um simples parafuso na máquina tribal.

Em civilizações primitivas, uma das mais terríveis penalidades ao membro delinquente que desrespeitasse as regras e tabus da tribo era a expulsão da comunidade. Isso praticamente correspondia a uma pena de morte. Porém, sem a quebra de regras e tabus, uma comunidade não se desenvolve, não atinge um estágio mais alto de consciência. Regras e tabus eternizam o *status quo*, e o progresso só pode surgir quando o *status quo* é superado. Essa é a função do herói, do qual veremos muitos exemplos nos capítulos seguintes.

Antes do episódio da Torre de Babel, o homem vivia em uma única grande comunidade, englobando todos os seres humanos. Com a punição de Javé, com a divisão dos homens em várias tribos, o processo de diferenciação começou. O ser humano continuava sua vida em *participation mystique* com sua tribo, mas a tribo é agora menor, um passo na direção da transformação do ser humano em um indivíduo, em uma tribo de uma só pessoa, um só indivíduo.

O fato de o processo de individuação ter como objetivo a transformação do ser humano em um indivíduo não quer dizer que ele tenha que viver sozinho no deserto ou no meio do mato. Mesmo vivendo em uma grande cidade, tendo família, amigos, ele pode se diferenciar e se tornar um indivíduo.

PARTE D

A Sombra: encontro com seu lado escuro

Um conceito central da psicologia junguiana é o da Sombra O ser humano nasce completo, ainda sem conhecer a polaridade do bem e do mal. Quando começa seu processo de formação do Ego — quando come a maçã, a fruta do conhecimento do bem e do mal — ele passa a ser potencialmente capaz de discriminar entre o que é bom e o que é ruim. Então, no processo para se tornar adulto, no processo de formação de seu Ego, ele escolhe certas características que julga adequadas à sua pessoa e reprime as outras, que considera inadequadas. Sendo esse um processo inconsciente, o indivíduo não tem conhecimento das escolhas que ele mesmo faz. As características recusadas, contudo, não deixam a psique, mas vão se refugiar no seu inconsciente, incorporando-se ao que Jung denominou de Sombra, um dos arquétipos fundamentais da psique humana.

A Sombra representa o que Freud definiu como inconsciente. Jung faz uma distinção importante. Para ele, a Sombra é somente parte do inconsciente, que é, na teoria junguiana, muito mais amplo, englobando outros arquétipos, tais como a Anima ou Animus, o arquétipo do herói e o próprio *Self*.

Como na Sombra ficam armazenadas aquelas características que o Ego não admite que lhe pertençam, poderíamos pensar que ela seria composta de elementos e características ruins, o lado mau do ser humano, seus demônios. Porém essa é uma maneira errada de definir a Sombra, pois ela engloba todos os elementos que o Ego julga inadequados à imagem que ele faz de si mesmo, mesmo aqueles que poderiam ser considerados bons. Um homem que se define como muito prático, um executivo de uma empresa conhecido pela busca de resultados imediatos e pela sede de poder pode desvalorizar e reprimir características boas, mas inadequadas para quem prioriza a acumulação de bens materiais, dinheiro, poder, um lugar de destaque no mundo empresarial. Compaixão, bondade, capacidade de se importar com o próximo podem ser características rejeitadas por ele, e, portanto, reprimidas, abrigadas por sua Sombra.

Ainda que Freud não use o termo Sombra, ele postulou, antes de Jung, a existência de aspectos pessoais reprimidos, guardados no inconsciente. Constituiriam a Sombra pessoal. O conceito junguiano de Sombra não engloba apenas esses aspectos pessoais reprimidos. Existe uma parte da Sombra que pertence ao coletivo, aspectos esses recusados e reprimidos pela sociedade em que vive o indivíduo e arquivados no inconsciente coletivo daquele grupo.

CAPÍTULO 8

Jacó: o preferido da mãe

Jacó é outro grande patriarca da Bíblia, e sua história mostra como um ser humano, no processo de desenvolvimento de sua personalidade, tem que ficar face a face com seu lado escuro — sua Sombra — e reconhecê-la para poder atingir um estágio avançado na jornada de individuação. Jacó é um exemplo do desenvolvimento de um ser humano que começou sua vida com qualidades de caráter nada recomendáveis, enganando seu irmão e traindo seu velho pai. Poder. Tudo em busca de poder. Jacó queria ser o líder da família, queria ser o "rei do pedaço".

Jacó, na primeira metade de sua vida, personifica o executivo moderno, que quer subir na organização, que busca poder a qualquer custo. Porém, na sociedade em que Jacó vivia, esse direito pertencia, por tradição, ao primogênito. Cabe ao herói mudar normas, quebrar tabus. Foi o que fez Jacó, apesar de todas as dificuldades, sofrimentos e obstáculos que teve que vencer na sua jornada de herói, de individuação.

Jacó era filho de Isaac e Rebeca. Isaac, filho de Abraão, teve uma vida sem grandes emoções, exceto o episódio do quase sacrifício humano promovido pelo próprio pai. Talvez por nunca ter se refeito desse choque, Isaac teve uma vida comum — obedecia a Deus, cumpria suas obrigações e seguia as tradições e os costumes. Nada que o pudesse denegrir existe contra ele, mas também nada de extraordinário. O arquétipo do herói não foi ativado nele. Pelo que está na Bíblia, poderíamos concluir que Isaac não avançou na trilha da individuação, que não ajudou a humanidade, elevando-a a um patamar mais alto de consciência. Isaac não foi um herói, não quebrou regras e tabus, não trouxe o novo para a humanidade.

O mundo está repleto de Isaac, pois apenas uma minoria é escolhida para trilhar o caminho do herói. Apenas uma minoria recebe o chamado, e Isaac não o recebeu, ao contrário do seu filho Jacó. É bem verdade que, na moderna civilização do século XXI, a consciência do ser humano, apoiada nas conquistas realizadas pela raça humana através dos séculos, está bem mais desenvolvida. Um número bem maior de seres humanos é chamado para participar da jornada, para serem heróis, ainda que, a maioria, em escala menor.

Isaac casou-se com Rebeca e teve um casal de gêmeos — Esaú e Jacó —, que começaram suas desavenças ainda no ventre materno. Se Isaac teve uma vida sem maiores desafios, Rebeca, esta sim, foi uma mulher extraordinária. Em uma época de cultura fortemente patriarcal, Rebeca falava com Deus e fazia planos para proteger seu queridinho Jacó contra os usos e costumes da época. Ir contra os costumes é uma função do herói, que deve trazer a renovação. Rebeca seria, então, depois de Eva, a nova heroína da Bíblia. Infelizmente a Bíblia, escrita em uma época em que o patriarcado predominava, faz referência a poucas heroínas.

Vejamos o que relata a Bíblia:

> **Gênesis — capítulo 25**
> 20 Isaac tinha quarenta anos quando se casou com Rebeca, filha de Batuel, o arameu de Padã-Aram, e irmã de Labão, o arameu. 21 Isaac implorou a Javé por sua mulher, porque ela era estéril: Javé o escutou e sua mulher Rebeca ficou grávida. 22 As crianças, porém, lutavam dentro dela. Então ela disse: "Se é assim, para que viver?" Então foi consultar Javé. 23 E Javé lhe disse: "Em seu ventre há duas nações, dois povos se separam em suas entranhas. Um povo vencerá o outro, e o mais velho servirá ao mais novo." 24 Quando chegou o dia do parto, Rebeca teve gêmeos. 25 O primeiro saiu: era ruivo e peludo como um manto de pêlos e lhe deram o nome de Esaú. 26 Em seguida, saiu seu irmão, com a mão segurando o calcanhar de Esaú, e lhe deram o nome de Jacó. Isaac tinha sessenta anos quando eles nasceram. 27 Os meninos cresceram. Esaú se tornou hábil caçador, homem rude, enquanto Jacó era homem tranquilo, morando sob tendas. 28 Isaac apreciava a caça e preferia Esaú, enquanto Rebeca preferia Jacó.

Ainda no útero, Jacó tentava suplantar seu irmão. Conta-nos a Bíblia que Jacó chegou ao mundo puxando o calcanhar do irmão, talvez querendo ser o primeiro a nascer. Naquela época, o direito do primogênito era incontestável, cabendo-lhe ser o sucessor e herdeiro do pai. Porém não era isso que iria acontecer com os filhos de Rebeca.

Desde o nascimento, os irmãos se mostraram completamente diferentes. Corporalmente, Esaú era "peludo como um manto de pêlos". Ele era um homem rude, hábil caçador, e Jacó era pacífico, morava em tendas. Isaac gostava mais de Esaú, enquanto Rebeca não escondia sua preferência por Jacó. Isso nos leva a supor que ele era mimado e protegido por Rebeca, o que pode explicar o egocentrismo de Jacó. Pessoas egocêntricas se julgam o centro do mundo. Ora, considerando-se como tal, Jacó deveria pensar que nada mais justo que fosse ele o chefe da família. Porém, sendo mais novo que Esaú, a tradição jogava contra sua pretensão. O que fazer? Atendendo à orientação de Deus, que lhe dissera que Jacó prevaleceria sobre Esaú, Rebeca começou a tramar em favor de seu favorito,

A figura do filho superprotegido, do filhinho-de-mamãe, existe freqüentemente em nossa sociedade. A mãe coloca todas as suas esperanças em um filho e o cria com o objetivo de que ele vá seguir seus planos, que ele vá viver a vida que ela gostaria de ter vivido. Como conseqüência, o filho se julga o centro do mundo. Esse é um obstáculo difícil, muito difícil mesmo, que Jacó tem que vencer.

Rebeca achava que Jacó deveria ser o sucessor de Isaac, mas tinha um problema: como virar a mesa contra a tradição? Conta-nos a Bíblia:

Gênesis — capítulo 25

29 Certa vez, Jacó estava preparando um cozido, quando Esaú voltou do campo, esgotado. 30 Esaú pediu a Jacó: "Deixe-me comer dessa coisa vermelha, porque estou esgotado." É por isso que ele recebeu o nome de Edom. 31 Jacó respondeu: "Venda-me primeiro o direito de primogenitura." 32 Esaú disse: "Estou quase morrendo... Que me importa o direito de primogenitura?" 33 Jacó retomou: "Primeiro, o juramento." Esaú jurou e vendeu seu direito de primogenitura a Jacó. 34 Então Jacó lhe deu pão e o cozido de lentilhas. Esaú comeu e bebeu, levantou-se e partiu. E assim Esaú desprezou o direito de primogenitura.

Enquanto Jacó tramava com a ajuda da mãe para suplantar o irmão, Esaú não dava mostras de se preocupar com isso, talvez confiando na tradição e na clara preferência do pai. Isso poderia explicar por que vendera seu direito à primogenitura por um prato de lentilhas, tão certo estava ele de que esse direito era inalienável.

O tema da rivalidade entre irmãos é universal. Na Bíblia, aparece pela primeira vez com Caim e Abel. Nesse caso, a rivalidade se faz presente antes mesmo do nascimento, quando o Senhor menciona os povos divididos: "Em seu ventre há duas nações, dois povos se separam em suas entranhas. Um povo vencerá o outro, e o mais velho servirá ao mais novo."

Esaú simboliza, no mito bíblico, a Sombra de Jacó. O conceito de Sombra pode ser usado também para explicar o freqüente aparecimento de Satã no Novo Testamento. No Velho Testamento, em que Javé — nosso Deus psicológico, nossa imagem de Deus — é completo, englobando o bem e o mal, essa dualidade quase não aparece. Já no Novo Testamento, com a vinda de Cristo ao mundo, trazendo o conceito do Deus unicamente bom, o Demônio passou a freqüentar a mente dos cristãos. Enquanto o Demônio é mencionado quatro vezes no Velho Testamento, ele aparece 66 vezes no Novo Testamento.

Clemente de Roma, um dos patriarcas da Igreja, que foi papa como Clemente I no fim do primeiro século da era cristã, teria afirmado que Deus dirige o mundo com a mão direita e a esquerda. A direita, Cristo, e a esquerda, Satã. O fato é que, sendo Jesus um Deus unilateralmente bom, era impossível evitar que sua contrapartida fosse Satã, unilateralmente mau. Os cristãos expulsaram o Demônio para as regiões infernais — para o inconsciente, para a Sombra.

Tornar o mal inconsciente não o faz menos perigoso. Muito pelo contrário, torna-o imune ao controle de nossa mente racional. O número de padres que se envolvem em pedofilia mostra como o Demônio, desterrado para o inconsciente, tem força terrível. Um Deus que, ao contrário de Javé, pretende ser somente bom tem sua Sombra — seu outro filho: Satã.

Cabe lembrar a importante afirmação de Joseph Campbell: "Minha definição de demônio é um anjo que não foi reconhecido. Melhor dizendo, é um poder seu, para o qual você negou expressão e você o reprime. Então, como toda energia reprimida, ela começa a crescer e a tornar-se muito perigosa."

A negação da Sombra é um dos problemas que podem causar doenças psicológicas. A rejeição da Sombra resulta em uma divisão da personalidade, gerando uma situação de hostilidade entre o lado consciente e o inconsciente da psique. A reconciliação com a Sombra, essa parte rejeitada pelo Ego, não é tarefa fácil, mas tem que ser empreendida pelo ser humano que pretenda se tornar mais completo, mais consciente, para que possa seguir em frente e galgar patamares mais elevados na sua jornada de individuação. O ser humano tem que se conscientizar de que dentro de sua psique existe também um assassino. Tão duro quanto essa afirmação possa parecer, ela é fundamental. Somente quando reconhecemos isso de modo consciente podemos combater essa tendência que carregamos dentro de nós e que pode vir à tona quando, dominados pela emoção, perdemos o controle racional de nossas ações.

Vale repetir que tudo o que é relegado ao inconsciente tem força própria e pode emergir subitamente em uma situação em que, dominados pela emoção, perdemos o controle racional de nossas ações. Ou seja, o Ego perde o controle. Pense em quantas vezes, dominado pela emoção, você praticou ações que depois o envergonharam. Será que você nunca se excedeu em um pequeno incidente de trânsito? Existem alguns, felizmente poucos, que já mataram por uma simples fechada no trânsito. A grande maioria pode não ter chegado à barbárie desse ato, mas certamente já se excedeu em suas reações, levado por uma emoção que, no calor da discussão, não é controlada pelo Ego, pelo lado consciente da mente.

Em *O homem e seus símbolos*, Jung relata o episódio ocorrido com um nativo africano que, tendo falhado na tentativa de capturar um peixe, descontrolado, estrangulou seu único filho. Depois, segurando o pequeno corpo do filho nos braços, foi tomado por grande remorso.

Será que isso só acontece com indivíduos de sociedades muito primitivas? Será que poderia acontecer também em nosso tempo, em nosso país? Uma notícia de jornal da época em que Roberto Dinamite ainda estava nos campos de futebol conta que, quando o atacante fez um gol nos minutos finais de uma partida contra o Flamengo, e Jorge Luís, vascaíno, vibrava de alegria ao lado do rádio, seu pai, José Basílio, flamenguista, o matou com várias marteladas na cabeça. Isso não aconteceu na África, mas em Campos, RJ.

Caso isolado? O jornal *O Globo*, de 20.03.07, noticiou que um capitão da PM do Ceará, Daniel Bezerra Gomes, de 32 anos, matou a tiros dois irmãos, Marcelo Moreno Teixeira, de 26 anos, e Leonardo, de 24, estudantes de medicina, só porque Marcelo urinou perto do carro do policial. Depois do crime, o capitão teria dito: "Acabei com minha vida."

Quantas tragédias não se dão em conflitos no trânsito quando, por causas banais, brigas mortais ocorrem? É o Ego perdendo o controle. Sob forte emoção, o ser humano passa a ser dirigido por outro complexo do inconsciente. Vale lembrar a definição de Demônio, de Campbell, acima citada.

Esaú, com características bem diferentes de Jacó, pode ser visto como a personificação da Sombra de Jacó. Sua capacidade de caçar, de trazer alimentos, não pode ser considerada ruim, mas é desvalorizada por Jacó, que nele mesmo a reprime. Passa, então, a pertencer à sua Sombra. Como tal, a possibilidade de uma séria briga entre os dois, que certamente favoreceria Esaú, mais forte e mais acostumado às caçadas, faz com que Jacó tenha que fugir do convívio de sua família. Até que a Sombra seja conscientizada, incorporada ao Ego — quando então pode ser controlada pelo lado racional da psique —, esse potencial de briga persistirá. E ainda aumenta quando Jacó, usando de um artifício, consegue roubar a bênção do pai, velho e cego, fazendo-se passar por Esaú.

A Bíblia nos dá detalhes sobre a vida da família de Isaac que nos permitem deduzir que Jacó era uma pessoa introvertida. Ambicioso, sem dúvida, não se conformava em não ser o primogênito. E, dominado pelo desejo de poder, começa a tramar, com a ajuda da mãe, como aproveitar os pontos fracos do irmão para lhe roubar a primogenitura.

Não bastava comprar a primogenitura; ele ainda precisava da bênção especial do pai, e sabia que seria difícil consegui-la. É aí que entra Rebeca e sua criatividade. Assim nos conta a Bíblia:

Gênesis — capítulo 27

1 Isaac ficou velho, e seus olhos se enfraqueceram, a ponto de não enxergar mais nada. Então chamou Esaú, seu filho mais velho: "Meu filho!" Esaú respondeu: "Estou aqui." 2 Isaac continuou: "Veja! Estou velho e não sei quando vou morrer. 3 Agora, pegue suas armas, suas flechas e o arco, vá ao campo e traga-me alguma caça. 4 Prepare-me um bom prato, do jeito que eu gosto, e traga-me para que eu coma, e

antes de morrer eu abençoe você." 5 Rebeca ouviu tudo o que Isaac falava com seu filho Esaú. E Esaú saiu para o campo a fim de caçar alguma coisa para seu pai. 6 Rebeca disse a seu filho Jacó: "Ouvi seu pai dizer a seu irmão Esaú: 7 'Traga-me alguma caça e faça-me um bom prato, para eu comer e abençoar você diante de Javé, antes de morrer.' 8 Agora, escute-me e faça o que eu mandar. 9 Vá ao rebanho e me traga dois cabritos gordos. Vou preparar para seu pai um prato do jeito que ele gosta. 10 Depois você levará o prato a seu pai, para ele comer e abençoar você antes de morrer." 11 Jacó disse à sua mãe Rebeca: "Mas meu irmão Esaú é peludo e minha pele é lisa! 12 Se meu pai me tocar, ele vai perceber que eu quis enganá-lo e, em vez de bênção, atrairei maldição sobre mim." 13 Mas sua mãe lhe respondeu: "Meu filho, que a maldição dele caia sobre mim. Obedeça-me, vá e traga os cabritos." 14 Jacó foi buscar os cabritos e os levou para sua mãe. Ela preparou um bom prato, do jeito que o pai gostava. 15 Rebeca pegou as melhores roupas que Esaú, o filho mais velho, tinha em casa, e com elas vestiu Jacó, seu filho mais novo. 16 Então cobriu-lhe os braços e a parte lisa do pescoço com a pele dos cabritos. 17 Depois colocou nas mãos do seu filho Jacó o pão e o prato que ela havia preparado. 18 Então Jacó foi até seu pai e disse: "Pai!" Isaac respondeu: "Aqui estou. Quem é você, meu filho?" 19 Jacó respondeu ao pai: "Sou Esaú, seu primogênito. Fiz o que o senhor me mandou. Levante-se, sente-se e coma da minha caça. Depois, o senhor me abençoará." 20 Isaac disse a Jacó: "Como você encontrou a caça depressa, meu filho!" Jacó respondeu: "É que Javé, o seu Deus, a colocou ao meu alcance." 21 Isaac disse a Jacó: "Aproxime-se, meu filho, para que eu o apalpe e veja se você é ou não o meu filho Esaú." 22 Jacó aproximou-se de seu pai Isaac, que o apalpou e disse: "A voz é de Jacó, mas os braços são de Esaú." 23 Isaac não reconheceu Jacó, porque os braços dele estavam peludos como os de seu irmão Esaú. Então ele o abençoou. 24 E voltou a lhe perguntar: "Você é o meu filho Esaú?" Jacó respondeu: "Sou." 25 Isaac continuou: "Sirva a caça, meu filho,

> para que eu coma e depois o abençoe." Jacó o serviu e Isaac comeu; apresentou-lhe vinho, e ele bebeu. 26 Então seu pai Isaac lhe disse: "Meu filho, aproxime-se e me beije." 27 Jacó se aproximou e beijou o pai, que lhe aspirou o perfume das roupas. E o abençoou, dizendo: "Sim, o perfume do meu filho é como o perfume de um campo fértil que Javé abençoou. 28 Que Deus dê a você o orvalho do céu e a fertilidade da terra, trigo e vinho em abundância. 29 Que os povos o sirvam e as nações se prostrem diante de você. Seja um senhor para seus irmãos, e os filhos de sua mãe se prostrem diante de você. Maldito seja quem amaldiçoar você; e bendito seja quem o abençoar."

É interessante ressaltar que Jacó, quando fala com Isaac, se refere ao Deus de Isaac (Gen. 27:20). Ainda não chama Javé de seu Deus. Com sua personalidade egocêntrica, ele cultua um Deus, mas não é o seu Deus. O egocêntrico, sendo o centro do mundo, não precisa de um Deus; ele — seu Ego — é seu próprio Deus. Este, simbolizado pelo *Self*, ainda não é reconhecido pelo Ego como um ente que lhe é superior.

Ao ser escolhido — ao receber a bênção especial de Isaac —, Jacó está marcado por Deus. Ganha um terrível ônus, do qual não pode mais fugir, e que pode matar ou salvar. Recebeu o chamado, e não pôde recusar. Muito rapidamente ele se dará conta disso.

Jacó consegue roubar a bênção do velho pai. A que custo? Se, quando tomou essa atitude, soubesse o que a vida lhe reservava, talvez houvesse pensado duas vezes. Parece que a vida põe algumas pessoas frente a situações que as forçam a crescer, que as colocam em um caminho sem volta, com uma encruzilhada: crescer ou morrer. Isso fica bem claro na história de Jacó.

Esaú volta da caça e vai ter com o pai, levando-lhe a refeição, descobrindo então que Jacó lhe surrupiara a bênção.

Essa bênção especial, normalmente dada ao primogênito, tinha um significado todo especial. Isaac, mesmo tendo Esaú como seu preferido, mesmo sabendo ter sido enganado, não pode voltar atrás nem conceder a Esaú uma outra bênção. Quando Esaú lhe pede que também o abençoe, Isaac lhe diz que não pode tirar a bênção dada ao irmão. A Bíblia nos relata:

Gênesis — capítulo 27

30 Logo que Isaac acabou de abençoar Jacó e este saiu de junto de seu pai, o irmão Esaú voltava da caça. 31 Ele também preparou um prato saboroso e o levou a seu pai. E lhe disse: "Que meu pai se levante e coma da caça de seu filho, e depois me abençoe." 32 Seu pai Isaac lhe perguntou: "Quem é você?" Ele respondeu: "Sou Esaú, seu filho primogênito!" 33 Então Isaac estremeceu, emocionado, e disse: "Então, quem foi que veio e me trouxe a caça? Eu a comi antes que você chegasse e o abençoei, e abençoado ele ficará." 34 Quando Esaú ouviu as palavras de seu pai, deu um forte grito e, cheio de amargura, disse ao pai: "Abençoe-me também, meu pai!" 35 Mas Isaac respondeu: "Seu irmão veio com astúcia e tomou a bênção que cabia a você." 36 Esaú disse: "Com razão ele se chama Jacó: é a segunda vez que ele me engana! Tirou o meu direito de primogenitura e agora roubou a minha bênção." E acrescentou: "O senhor não reservou nenhuma bênção para mim?" 37 Isaac respondeu a Esaú: "Eu tornei Jacó senhor de você, dei-lhe todos os seus irmãos como servos e lhe garanti trigo e vinho. Que posso fazer por você agora, meu filho?" 38 Esaú disse ao pai: "O senhor tem só uma bênção, meu pai? Abençoe também a mim, meu pai!" Isaac ficou em silêncio e Esaú chorou em voz alta. 39 Isaac então lhe disse: "A sua morada será longe da terra fértil e sem o orvalho que desce do céu. 40 Você viverá da sua espada e servirá a seu irmão. Mas quando você se revoltar, sacudirá o jugo do seu pescoço."

Jacó teria que pagar por seu egocentrismo. A vida sempre nos cobra por nossos erros, ainda que ela mesma tenha criado as situações de erro com o objetivo de nos forçar a seguir nossa jornada de individuação.

As palavras de Isaac deixam claro para Esaú que "longe da terra fértil será a sua morada". A Sombra vai viver afastada do Ego, reprimida, longe da luz, até que, no processo de individuação, seja finalmente conscientizada, reconhecida, pelo Ego.

Um filho, impregnado pelas ambições da mãe, pode, se não estiver à altura dessas elevadas aspirações, se entregar e transformar-se em um derrotado. Não era o caso de Jacó, que, apesar de ser um mau-caráter na juventude — roubando o irmão e enganando o pai —, tem uma forte personalidade e vai à luta, mesmo em condições extremamente adversas, como veremos a seguir.

Rebeca teme pela vida de seu preferido e sugere que Jacó parta, deixe o convívio e a proteção de sua família. Ele foge. Será que Jacó, filhinho-de-mamãe, desacostumado com a vida fora da proteção tribal, está equipado para se aventurar no desconhecido? Certamente que não, e se ele soubesse que seus atos o levariam a isso talvez tivesse desistido de seus planos. Temos, nesse episódio, um exemplo do que a vida pode fazer — o que o *Self* provoca — para forçar o desenvolvimento de uma pessoa, seu crescimento, o prosseguimento de sua jornada de individuação.

Com a fuga de Jacó, vemos o Ego se distanciando ainda mais de sua Sombra, correndo dela. O Ego ainda não está preparado para a conscientização da Sombra. Jacó cometeu um crime contra sua Sombra, e o *Self*, sendo a totalidade, engloba também a Sombra. Nesse momento, Jacó vai receber uma lição do *Self*, que poderia ser visto por ele como uma punição, mas que de fato, como veremos no decorrer da história, é um empurrão para que Jacó cresça. Ele vai para o exílio, deixando a segurança de seus familiares, deixando Rebeca, sua mãe superprotetora, e segue pela estrada deserta, cheia de criminosos, com sua vida em perigo.

Com a fuga, começam as provações de Jacó. Podemos imaginar o estado de espírito em que ele se encontrava. Acostumado à proteção familiar, sendo um homem que vivia em tendas, completamente despreparado para a vida no deserto, ele está sozinho, em um caminho cheio de perigos — criminosos e feras — que podem abreviar sua ainda curta existência.

Javé — o *Self* — está induzindo Jacó a trilhar o caminho da transformação psicológica, a jornada de individuação, forçando-o a resolver o problema do seu egocentrismo.

Eventualmente, no processo de crescimento psicológico de Jacó, ele terá que se reconciliar com Esaú, sua Sombra. Mas ainda é cedo para isso. O processo de individuação terá que avançar antes que isso possa acontecer. Agora é tempo de Jacó diminuir sua egocentricidade, descobrir que seu Ego não é o centro do mundo.

Para curar o egocentrismo de uma pessoa, existem três remédios, todos eles bastante fortes: sofrimento extremo, reconhecimento da existência de um poder maior e amor por outra pessoa. Se não desenvolvermos uma atitude correta, alguns desses remédios podem até ser letais, especialmente se enfrentados por um Ego fraco.

Sofrimento (desespero). O ser humano vem a esta vida para crescer. Os orientais e os espíritas acreditam que a alma passa por milhares de encarnações para aprender suas lições neste mundo, antes que dele possa se libertar. Os que não acreditam em encarnações têm um problema maior: crescer e aprender em uma só vida. Deus — o *Self* — nos ajuda, dando-nos pequenos empurrões sempre que estivermos estagnados. Porém, se esses pequenos empurrões não nos colocarem no caminho correto, sua intensidade aumenta progressivamente. Para evitar maiores sofrimentos, aconselha-se atenção aos empurrões de Deus. Caso não estejamos atentos aos sinais de Deus, eles vão aumentar de intensidade, talvez na forma de um acidente ou de uma doença grave. Se o sofrimento não for suficiente para fazer o homem mudar, ele pode ser acometido pelo desespero. Talvez o desespero faça o milagre.

É importante entender os sinais de Deus. Para isso, uns instantes diários de introspecção são importantes. Há pessoas que não sabem parar para pensar na vida, para olhar para dentro, para examinar o que está acontecendo em suas vidas. Essas dificilmente ouvirão os sinais de Deus e talvez tenham que ser "acordadas" por sinais mais duros, mais dolorosos. As pessoas com características extrovertidas de personalidade têm maiores dificuldades de olhar para dentro, de pensar na vida.

Neste mundo não é permitido parar de crescer, e isso é mais verdade ainda para os escolhidos por Deus. E Jacó é um deles.

Devemos ter cuidado, pois até mesmo o sofrimento pode ser usado pelo egocêntrico de forma deletéria. Em vez de crescer com ele, pode receber o sofrimento com um sentimento de autopiedade e resolver bancar o mártir para dominar outras pessoas. Esse tipo de jogo não é incomum, e muitas mães inconscientemente o praticam para reter os filhos junto a si. A dependência do filho à mãe é, na verdade, fruto das manipulações desta.

O sofrimento não traz necessariamente a cura, mas, dependendo da atitude que temos em relação a ele, traz o caminho para ela.

Poder maior. O grande problema do egocêntrico é admitir que haja uma força maior — um Deus, um *Self* — a quem o Ego deve prestar reverência. Vencida essa etapa, o problema do egocentrismo poderá ser resolvido.

Amor. Quando as flechas de Eros, deus grego do amor, mais conhecido entre nós pelo seu nome latino, Cupido, nos atingem, tudo muda. Uma atração forte de um homem por uma mulher geralmente começa com uma projeção de Anima, ou de Animus, no caso da mulher. Porém a Anima é uma deusa, e quando um homem a projeta em uma mulher de carne e osso, espera que ela também seja uma deusa. Essa ilusão não pode perdurar por muito tempo, mas, enquanto dura, o homem vive como se estivesse enfeitiçado, fora do normal. Nesse estágio, a proteção de seu Ego, antes tão importante para ele, perde sentido. O homem que ama está disposto a entregar sua vida pelo amor. O mesmo fenômeno acontece quando a mulher projeta em um homem seu Animus, que também é um deus. Quando essa projeção é mútua, temos o amor romântico, que pega como um fogo absolutamente incontrolável, tão bem espelhado no mito de Tristão e Isolda. Quando Anima e Animus são projetados, o companheiro se transforma em um deus, ilusão que só pode perdurar por muito tempo se o casal se amar à distância.

Quando a projeção acaba, e tem que acabar, pois nenhuma mulher pode ser confundida por muito tempo com uma deusa, ou o homem com um deus, o amor romântico é substituído — ou não — pelo amor maduro. A única possibilidade de se manter uma projeção eterna seria no caso de não haver contato entre amante e amada, como aconteceu com Dante e Beatriz. Dante a viu uma ou duas vezes e nunca chegou a falar com ela. Com base nesse contato mínimo, ele a idealizou. Se Dante tivesse se aproximado de Beatriz, conhecendo-a melhor, chegaria à conclusão de que ela não era uma deusa, pois mortal algum pode ser. Porém, sem a proximidade entre os amantes, é possível que ele não se dê conta de que sua amada não é uma deusa.

Jacó vai provar os três remédios — sofrimento, poder maior e amor. Até então ele nunca esteve em uma situação que não pudesse manipular em seu proveito, fosse usando sua própria criatividade — mesmo que sem qualquer preocupação ética —, fosse aproveitando a ajuda de sua mãe. Agora ele se encontra sozinho, no meio do deserto, sem defesa, no meio do perigo.

Jacó passa pelo sofrimento em sua fuga, com medo dos ladrões do caminho, com medo das feras do deserto. Com o Sol se escondendo, Jacó pára para dormir em Betel. Usando uma pedra por travesseiro, Jacó tem um sonho, um grande sonho, um contato com o poder maior. Os grandes sonhos sempre foram reconhecidos como mensagens do *Self*.

O que é um grande sonho? Todos nós sonhamos diariamente, ainda que nem todos se lembrem dos seus sonhos. Existem sonhos que são prosaicos, que nos falam de episódios correntes de nossas vidas. Porém existem alguns sonhos que podem ser classificados como grandes sonhos, que trazem elementos arquetípicos, que nos parecem mais luminosos, que nos afetam mais fortemente, que nos fazem pensar. Esses podem ser chamados de *grandes sonhos*.

Gênesis — capítulo 28

12 Teve então um sonho: Uma escada se erguia da terra e chegava até o céu, e anjos de Deus subiam e desciam por ela. 13 Javé estava de pé, no alto da escada, e disse a Jacó: "Eu sou Javé, o Deus de seu pai Abraão e o Deus de Isaac. A terra sobre a qual você dormiu, eu a

> entrego a você e à sua descendência. 14 Sua descendência se tornará numerosa como a poeira do chão, e você ocupará o Oriente e o Ocidente, o Norte e o Sul. E todas as nações da terra serão abençoadas por meio de você e da sua descendência. 15 Eu estou com você e o protegerei em qualquer lugar aonde você for. Depois eu o farei voltar a esta terra, pois nunca o abandonarei, até cumprir o que prometi." 16 Ao despertar, Jacó disse: "De fato, Javé está neste lugar e eu não sabia disso." 17 Ficou com medo, e disse: "Este lugar é terrível. Não é nada menos que a Casa de Deus e a Porta do Céu." 18 Levantou-se de madrugada, pegou a pedra que lhe havia servido de travesseiro, ergueu-a como estela e derramou óleo por cima. 19 E chamou esse lugar de Betel. Mas antes a cidade se chamava Luza.

Freud já dizia que os nossos sonhos são a porta dourada para a comunicação com o inconsciente. Usando a terminologia junguiana, a porta dourada para a comunicação entre o Ego e o *Self*. Na Bíblia, especialmente no Velho Testamento, as visões e os sonhos são as formas com que Deus se comunica com os seres humanos. Os grandes sonhos são mensagens de Deus — do *Self*. Esses sonhos geralmente ocorrem em fases críticas da vida dos seres humanos.

Um exemplo de grande sonho — que também poderíamos chamar de sonho divino — é o que o pretendente a xamã recebe quando está pronto para sua tarefa. O xamanismo é bastante estudado pelos antropólogos em todo o mundo, e os paralelos entre suas práticas, em continentes diferentes como a Africa, Ásia e América, são muitos. Um deles é a confirmação do chamado por meio de um sonho ou de uma visão, em que o candidato a xamã sobe às regiões superiores ou desce às regiões infernais.

Infelizmente, a Igreja primitiva, até para se consolidar como instituição, eliminou a comunicação direta entre

Deus e os seres humanos. Aliás, este foi o principal motivo da briga contra os gnósticos. Os gnósticos defendiam que o diálogo com Deus, a exemplo do que acontecia freqüentemente com os profetas do Velho Testamento, deveria continuar. Isso a Igreja não podia admitir. O contato dos homens com Deus, segundo a Igreja, deveria se fazer sempre por sua intermediação. Com esse monopólio, a Igreja pretendia se fortalecer e se consolidar. Os gnósticos tinham que ser combatidos para que esse poder de falar com Deus fosse monopólio da Igreja, e não mais de profetas, como no Velho Testamento. A última visão ou sonho que a Bíblia registra é o Apocalipse de São João, último livro do Novo Testamento. É um grande sonho — ou grande visão — do apóstolo João, ou de quem teria escrito esse capítulo da Bíblia.

Nessa hora de desespero, Jacó tem um grande sonho, que tem como objetivo lembrar-lhe sua conexão com o *Self*. Esse sonho mostra a Jacó o resultado do processo de individuação, quando, depois de cumprir todas as suas etapas, ele será novamente completo. Terá então voltado, agora consciente, ao Jardim do Éden.

Jardim do Éden? A imagem do desenvolvimento circular do ser humano, com a volta ao ponto de partida, não é correta. Melhor seria ver a trajetória como espiral, subindo sempre, até chegar, quando em estágio avançado de individuação, não ao Jardim do Éden, mas à Nova Jerusalém, uma metáfora que aparece no Apocalipse de João para caracterizar o que poderia ser o paraíso, o Jardim do Éden onde os seres julgados bons iriam viver, não inconscientes como no jardim, mas agora conscientes.

Em seu sonho, Jacó tem uma atitude passiva. Ele não participa, mas entra apenas como observador. Seu atual estágio de desenvolvimento ainda não lhe permite subir aos céus. Não chegou ainda ao estágio dos escolhidos para serem xamãs.

No seu desespero, Jacó reza. Sua reza não é sincera; Jacó tenta fazer uma barganha com Deus, ainda reflexo de seu egocentrismo. Quando seu desenvolvimento psicológico estiver mais evoluído, veremos Jacó rezando de forma correta, mas, por enquanto, não está preparado para isso.

Gênesis — capítulo 28

20 Jacó fez, então, este voto: "Se Deus estiver comigo e me proteger no caminho por onde eu for, se me der pão para comer e roupas para vestir, 21 se eu voltar são e salvo para a casa do meu pai, então Javé será o meu Deus. 22 E esta pedra que ergui como estela será uma casa de Deus, e eu te darei a décima parte de tudo o que me deres."

Jacó segue em sua jornada pelo deserto. A jornada pelo deserto é uma experiência arquetípica. Jesus foi para o deserto, por 40 dias, para meditar. Jonas, quando na barriga da baleia, estava em sua jornada pelo deserto. Esse é um período de isolamento, de reflexão, que muitas vezes se caracteriza por uma depressão.

Todos os seres humanos passam pelo deserto? Sem dúvida. O deserto é uma imagem metafórica. Você pode estar em sua jornada pelo deserto vivendo em Nova York. A passagem pelo deserto é um tempo de dúvidas, de ansiedade; clinicamente falando, um estado depressivo. Porém, se pensarmos em termos de crescimento espiritual, esse seria um rito de passagem necessário para o ser humano evoluir para um patamar mais alto de desenvolvimento da consciência, para consolidar um aumento de consciência do Ego.

Jacó chega ao seu destino, às terras onde habita seu tio Labão, irmão de sua mãe. Já na chegada senta-se ao lado de um poço de água e conhece sua prima Raquel, por quem imediatamente se sente atraído. Projeta nela sua Anima. Jacó não tem bens para poder comprar o direito de se casar com Raquel. Combina com Labão que trabalhará gratuitamente para ele por sete anos, ao fim dos quais terá direito à mão de Raquel. Sete anos se passam, e Jacó se casa, mas com a mulher errada. No casamento, a mulher aparece velada, e Jacó não percebe que se casou com Lia, irmã mais velha de Raquel. Sua reclamação encontra, como única explicação de Labão, que não poderia casar a filha mais nova antes da mais velha.

A vida cobra suas dívidas. Jacó enganou seu pai Isaac, e é enganado por Labão. Jacó está se transformando em um homem sério, mas precisa ainda se confrontar com seu lado trapaceiro, pagando pelos erros do passado. Toda a vida de Jacó, desde que deixou a proteção da família, especialmente de sua querida mãe, são lições que o forçam a abandonar seu egocentrismo, substituindo-o por algo maior: o Ego rendendo homenagens ao *Self.*

Mais sete anos de trabalho e Jacó finalmente se casa com Raquel. Com duas esposas — Lia e Raquel — continua a trabalhar para Labão, mas agora, além de aumentar a fortuna de Labão, também faz a sua. Isso começa a gerar ciúmes nos filhos de Labão, que querem matá-lo.

CAPÍTULO 9

O encontro com Esaú

O desenvolvimento da personalidade de Jacó — sua jornada de individuação — ainda está em processo. Jacó tem que voltar para sua antiga terra, confrontar Esaú, se reconciliar com sua Sombra. Essa reconciliação envolveria o reconhecimento da Sombra como parte de sua personalidade, absorvendo-a, trazendo-a para seu consciente.

Você poderia perguntar: ao reconhecer que sou um trapaceiro, devo continuar a agir como tal? É exatamente o contrário. Reconhecendo que dentro de todos nós temos um componente vigarista de nossa personalidade, e tornando esse componente consciente, podemos evitar que ele se manifeste de forma concreta em nosso comportamento. Permanecendo no inconsciente, não podemos controlá-lo, e ele age com independência, com energia própria, sem que nada possamos fazer para evitar. É o caso dos exemplos que ocorreram em Campos e no Ceará, citados no capítulo anterior. Vale relembrar a observação extremamente acurada de Joseph Campbell: "Demônios são anjos que reprimimos para o inconsciente." Reprimidos, têm energia própria e não podem ser controlados pelo Ego.

Jacó se põe a caminho, preparando-se para encontrar Esaú — encontrar sua Sombra — atemorizado, pensando que Esaú deve ainda nutrir desejos assassinos. Afinal, o crime que Jacó cometeu foi muito grave. Por que Jacó vai se encontrar com Esaú, sabendo que se arrisca a perder sua vida? O homem, para crescer, para se desenvolver, não pode escapar do encontro com sua Sombra, ainda que esse encontro possa ser penoso, perigoso, apavorante.

A angústia e o medo de Jacó estão retratados nas precauções que ele toma:

Gênesis — capítulo 32

4 Jacó enviou na frente mensageiros a seu irmão Esaú, no país de Seir, no campo de Edom. 5 Deu esta ordem a eles: "Vocês falarão deste modo ao meu senhor Esaú: Assim fala seu servo Jacó: Vivi com Labão e estive com ele até agora. 6 Adquiri bois e jumentos, ovelhas, servos e servas. Envio esta mensagem ao meu senhor para alcançar o seu favor." 7 Os mensageiros voltaram a Jacó, dizendo: "Fomos até seu irmão Esaú e ele próprio vem vindo ao encontro de você com quatrocentos homens." 8 Jacó ficou cheio de medo e angústia. Então dividiu em dois grupos os homens que estavam com ele, e também as ovelhas e bois, 9 calculando: "Se Esaú atacar um dos acampamentos, o outro poderá se salvar."

Jacó se recorda, agora com remorso — talvez pensando que deveria ter tido outra atitude no passado —, do mal que havia feito ao seu irmão. Reza, uma reza agora bem diferente da que fizera quando, muitos anos atrás, fugira de Esaú:

Gênesis — capítulo 32

10 Jacó rezou: "Javé, Deus de meu pai Abraão e Deus de meu pai Isaac, tu me ordenaste: 'Volte à sua terra e à sua pátria, e eu serei bom com você.' 11 Eu não mereço os favores nem a bondade com que trataste teu servo. Quando atravessei o Jordão, eu tinha apenas um bastão, agora possuo duas caravanas. 12 Livra-me da mão do meu irmão Esaú, pois tenho medo que ele venha e mate as mães com os filhos. 13 Tu me disseste: 'Eu lhe darei bens e tornarei sua descendência tão numerosa como a areia do mar, que não se pode contar.'"

Orar, de maneira correta, é uma forma de conversar com o *Self*. Muitas rezas não atingem seu alvo pelo fato de não serem feitas com honestidade, com envolvimento emocional do Ego. A reza é um relacionamento da pessoa com Deus — com o *Self* — e só tem valor se estiver revestida de emoção. Pelo lado racional não se chega a Deus. Esse não parece ser o caso de Jacó, que reza com toda a emoção.

No seu desespero, Jacó se deita, para passar, talvez, sua última noite de vida. Jacó não veste mais sua velha personalidade egocêntrica. Pensa nos outros e faz planos para salvar sua família, mesmo que ele venha a ser morto. Divide seu vasto grupo em dois, raciocinando que pelo menos um deles teria possibilidades de se salvar, e decide confrontar Esaú sozinho.

Deita, dorme, sonha. Em seu sonho, um episódio espantoso: Jacó luta contra um anjo do Senhor.

Gênesis — capítulo 32

23 Nessa noite, Jacó se levantou, pegou suas duas mulheres, suas duas servas, seus onze filhos e atravessou o vau do Jaboc. 24 Jacó os pegou e os fez atravessar a torrente, com tudo o que possuía. 25 E Jacó ficou sozinho. Um homem lutou com Jacó até o despertar da aurora. 26 Vendo

> que não conseguia dominá-lo, o homem tocou a coxa dele, de modo que o tendão da coxa de Jacó se deslocou enquanto lutava com ele. 27 Então o homem disse: "Solte-me, pois a aurora está chegando." Jacó respondeu: "Não o soltarei, enquanto você não me abençoar." 28 O homem lhe perguntou: "Qual é o seu nome?" Ele respondeu: "Jacó." 29 O homem continuou: "Você já não se chamará Jacó, mas Israel, porque você lutou com Deus e com homens, e você venceu." 30 Jacó lhe perguntou: "Diga-me o seu nome." Mas ele respondeu: "Por que você quer saber o meu nome?" E aí mesmo o abençoou. 31 Jacó deu a esse lugar o nome de Fanuel, dizendo: "Eu vi Deus face a face e continuei vivo." 32 Ao nascer do sol, Jacó atravessou Fanuel e mancava por causa da coxa. 33 Por isso até hoje os israelitas não comem o nervo ciático, que está na articulação da coxa: é porque aquele homem feriu Jacó na articulação da coxa, no nervo ciático.

Na sua fuga, quando teve o sonho em Peniel, Jacó fora um observador passivo. Agora existe uma diferença fundamental: ele é bastante ativo, luta com o anjo. O *Self*, na figura do anjo do Senhor, aparece inicialmente como um elemento hostil, contra quem o Ego deve lutar. Essa metáfora retrata bem o violento dinamismo do inconsciente. Encontrar com o anjo do Senhor, lutar com ele, até mesmo prevalecer, mostra uma atitude positiva de Jacó. Isso lhe garante a bênção que lhe permitirá a reconciliação com Esaú, sua Sombra.

Fugindo, você não será transformado. Jacó não fugiu, lutou. Uma pessoa que passa por uma batalha na noite escura da vida — e não foge — é uma pessoa renascida, transformada. Daí em diante seu nome muda. Ele não é mais Jacó — aquele que suplanta — mas Israel — o que luta com Deus.

Jacó tenta saber o nome do anjo com quem lutara, o nome de Deus. Mesmo havendo passado por uma grande transformação, um desenvolvimento, uma transformação do Ego, com as várias lições que recebeu do *Self*, com a conscientização de diversos elementos deste, Jacó ainda não é suficientemente grande para saber o nome de Deus. O estado de individuação admite diferentes graus de desenvolvimento, e a Jacó, ao contrário de Moisés, como veremos em seguida, não é dado conhecer o nome de Deus. Conhecer o nome de Deus é conhecer sua essência, o que pode ser terrível e destrutivo para aquele que não estiver preparado para isso. Se a pessoa, estando despreparada, tem que se confrontar com elementos poderosos do *Self* — de seu inconsciente —, ela está sujeita a grave problema psicológico. A história de alguns despreparados pretendentes a xamãs mostra que o resultado pode ser a loucura ou a morte.

Um encontro de tal magnitude com o inconsciente deixa suas marcas. Jacó — agora Israel — saiu ferido, mancando, foi marcado por Deus. Existem pessoas que passam por episódios traumáticos em suas vidas — uma doença ou um acidente grave — e, depois de se livrarem do problema, voltam à vida anterior. Nada aprenderam, não foram marcados por Deus. Nesses casos, seus problemas não lhes ensinaram nada, e Deus — o *Self* — voltará a atacar.

A pessoa marcada por Deus não é a mesma. Isso pode torná-la solitária, diferente dos outros. Porém recebeu uma grande bênção. Jacó está marcado. Após passar, ao longo de todos esses anos, por sua transformação — seu crescimento —, Jacó é outra pessoa. Quando encontra Esaú, ele já não é mais o ladrão que lhe roubou a primogenitura e a bênção do pai. Ao tomar consciência de sua Sombra, dar-lhe as honras que ela merece, Jacó se reconcilia com Esaú, que o recebe de braços abertos:

Gênesis — capítulo 33

1 Erguendo os olhos, Jacó viu que Esaú estava chegando com os quatrocentos homens. Dividiu, então, as crianças entre Lia, Raquel e as duas servas: 2 na frente, colocou as servas com seus filhos, mais

atrás Lia com seus filhos e, por último, Raquel com José. 3 Então ele foi na frente de todos e prostrou-se por terra sete vezes antes de chegar até seu irmão. 4 Esaú, porém, correu ao seu encontro, o abraçou e beijou e o apertou junto ao peito. E ambos começaram a chorar. 5 Esaú, erguendo os olhos, viu as mulheres e as crianças. E perguntou: "Quem são esses que estão com você?" Jacó respondeu: "São os filhos com que Deus presenteou o seu servo." 6 As servas se aproximaram com os filhos, e se prostraram. 7 Lia também se aproximou com os filhos e se prostraram. Finalmente, aproximou-se Raquel com José, e se prostraram. 8 Esaú perguntou: "Que significam todos esses rebanhos que eu vinha encontrando pelo caminho?" Jacó respondeu: "É para alcançar as graças do meu senhor." 9 Esaú replicou: "Caro irmão, eu tenho o suficiente. Fique com o que é seu." 10 Jacó insistiu: "De modo algum! Se alcancei o seu favor, aceite estes presentes de minha mão, pois vim à sua presença como se eu fosse à presença de Deus, e você me acolheu bem. 11 Aceite, portanto, o presente que lhe ofereço, pois Deus me favoreceu, e eu tenho tudo o que preciso." Como Jacó insistisse, Esaú aceitou.

O Ego reconheceu que a Sombra também é parte da sua pessoa. A Sombra se integrou ao Ego. Uma importante etapa do processo de individuação se completou. É claro que, na vida real, a integração — a conscientização — da Sombra não é um episódio único. Ao contrário do mito, ela ocorre por etapas, em que partes da Sombra vão se tornando conscientes com o desenvolvimento do ser humano.

Jacó cresceu, melhorou, mas não é perfeito. O estado de perfeição não é prerrogativa dos homens, mas dos deuses. Podemos apenas ser menos imperfeitos, e Jacó vai mostrar algumas deficiências nos erros que comete com os filhos, como logo veremos na história de José e seus irmãos.

CAPÍTULO 10

José e seus irmãos

Das duas mulheres de Jacó — Lia e Raquel —, a primeira era fértil e começou a gerar filhos, enquanto Raquel parecia ser estéril. Israel teve dez filhos com Lia e com as escravas de Raquel e Lia, quando, finalmente, Raquel concebeu seu primeiro filho — José —, o preferido de Jacó, como nos relata a Bíblia:

Gênesis — capítulo 37
1 Jacó permaneceu em Canaã, a terra em que seu pai tinha morado. 2 Esta é a história de Jacó. José tinha dezessete anos e pastoreava o rebanho com seus irmãos. Ajudava os filhos de Bala e Zelfa, mulheres de seu pai. Certo dia, falou a seu pai da má fama que eles tinham. 3 José era o preferido de Israel, porque era o filho de sua velhice e, por isso, mandou fazer para ele uma túnica de mangas longas. 4 Seus irmãos perceberam que o pai o preferia aos outros filhos. Por isso ficaram com raiva, e não falavam amigavelmente com ele.

Além de preferido do pai, José o era também de Javé. Todos esses privilégios concedidos a um jovem de 17 anos só poderiam lhe causar uma inflação psicológica. A túnica que Israel deu para José era uma vestimenta especial, multicor, digna de um rei, o que aumentou a inveja dos irmãos, e a inflação de José. A identificação com o *Self* aumentou, como indicam seus sonhos.

Gênesis — capítulo 37

5 Um dia, José teve um sonho e o contou a seus irmãos, que ficaram com mais raiva dele. 6 José disse aos irmãos: "Escutem o sonho que eu tive. 7 Estávamos atando feixes no campo; meu feixe se levantou e ficou de pé e os feixes de vocês o rodearam e se prostraram diante dele." 8 Os irmãos lhe perguntaram: "Será que você está querendo ser nosso rei ou dominar-nos como senhor?" E eles ficaram com mais raiva ainda, por causa dos sonhos que José lhes contava. 9 E José teve mais um sonho que contou a seus irmãos: "Tive outro sonho: o sol, a lua e onze estrelas se prostravam diante de mim." 10 Ele contou o sonho a seu pai e aos irmãos. Então o pai o repreendeu, dizendo: "Que sonho é esse que você teve? Quer dizer que eu, sua mãe e seus irmãos vamos prostrar-nos por terra diante de você?" 11 Os irmãos ficaram com ciúmes de José, enquanto o pai meditava sobre o assunto.

O resultado não se fez esperar. Os irmãos venderam José como escravo, e ele foi levado ao Egito. Passou a morar na casa de Putifar, um egípcio, ministro do faraó. Como era protegido do Senhor, ele logo mostrou suas qualidades e se tornou o administrador da casa do egípcio. Porém ainda tinha muito que aprender com a vida, especialmente a se relacionar com o feminino.

José não tinha maturidade suficiente para se relacionar com sua Anima. Todo arquétipo traz um lado positivo e um negativo. Por não saber se relacionar com sua Anima, ela se tornou hostil, em vez de um arquétipo positivo, que poderia ajudá-lo em seu processo de individuação. A mulher de Putifar — metaforicamente representando a Anima nesse estágio da jornada de José — lhe faz propostas que seu lado ético não pode aceitar. José recusa as investidas e a mulher ferida trama sua desgraça. José é punido e vai preso. Vai para a cadeia por não saber se relacionar com sua Anima.

Teria sido melhor para José haver cedido aos caprichos da sua patroa? A vida não nos dá certas escolhas. A personalidade de José, sua formação moral, não lhe permitiria trair Putifar, a pessoa que o elevou à posição que ocupava. José não poderia ter uma atitude diferente da que teve. Mesmo admitindo que ele pudesse ter agido de modo diferente, o resultado é que ele não sofreria na prisão, mas também não se tornaria o braço direito do Faraó, como veremos no decorrer da história.

Na cadeia, sua capacidade de interpretar sonhos o salva. Depois de interpretar corretamente dois sonhos de ilustres prisioneiros, José é chamado para decifrar os sonhos do Faraó.

Gênesis — capítulo 41

1 Dois anos depois, o Faraó teve um sonho: estava de pé, junto ao rio Nilo, 2 e viu subir do Nilo sete vacas bonitas e gordas, que pastavam na invernada. 3 Atrás delas, subiram do rio outras sete vacas, feias e magras, que se puseram ao lado das primeiras na margem do rio. 4 Então as vacas feias e magras devoraram as sete vacas gordas e bonitas. Nisso, o Faraó acordou. 5 O Faraó tornou a dormir, e teve outro sonho: sete espigas brotavam do mesmo talo, granadas e bonitas. 6 E atrás delas nasceram sete espigas miradas e ressequidas. 7 Aí, as espigas miradas devoraram as sete espigas granadas e graúdas. Então o Faraó acordou: tivera um sonho. 8 Pela manhã, o Faraó estava

perturbado e chamou todos os magos e sábios do Egito. Contou-lhes o sonho que tivera, mas ninguém foi capaz de interpretá-lo. 9 Então o chefe dos copeiros disse ao Faraó: "Devo confessar hoje o meu pecado. 10 O Faraó tinha se irritado contra seus servos e os colocou na prisão na casa do chefe da guarda, tanto a mim como ao chefe dos padeiros. 11 Na mesma noite, ele e eu tivemos um sonho, cada qual com significado diferente. 12 Havia ali conosco um jovem hebreu, escravo do chefe da guarda. Nós lhe contamos os sonhos e ele os interpretou, dando o significado de cada um. 13 E depois aconteceu exatamente como ele havia interpretado. Eu recebi de novo o meu cargo, e o outro foi enforcado." 14 Então o Faraó mandou chamar José. E o tiraram depressa da prisão; ele se barbeou, mudou de roupa e se apresentou ao Faraó. 15 O Faraó disse a José: "Tive um sonho e ninguém sabe interpretá-lo. Ouvi dizer que você ouve um sonho e sabe interpretá-lo." 16 José respondeu ao Faraó: "Quem sou eu? É Deus quem dará uma resposta favorável ao Faraó." 17 Então o Faraó contou a José: "Sonhei que estava de pé na margem do rio Nilo. 18 Do rio subiam sete vacas gordas e bonitas que pastavam na invernada. 19 Atrás delas subiram outras sete, cansadas, feias e magras, tão feias como nunca vi no Egito. 20 Aí, as vacas magras e feias devoraram as sete primeiras, as vacas gordas. 21 Depois que as devoraram, não parecia que as tinham devorado, porque a aparência delas continuava tão feia como antes. Então acordei. 22 Depois, tive outro sonho: sete espigas subiam do mesmo talo, e eram cheias e bonitas. 23 Atrás delas nasceram sete espigas secas, mirradas e queimadas. 24 Aí, as espigas mirradas devoraram as sete espigas bonitas. Eu contei isso aos magos, e ninguém foi capaz de interpretar." 25 José disse ao Faraó: "Trata-se de um sonho único. Deus está anunciando ao Faraó o que ele vai realizar. 26 As sete vacas bonitas representam sete anos e as sete espigas bonitas representam sete anos. É o mesmo sonho. 27 As sete vacas magras e feias, que sobem logo em seguida, representam sete anos; e também as sete espigas mirradas e queimadas: é que haverá sete anos de fome. 28 É como eu disse ao Faraó: Deus está mostrando ao Faraó o que ele vai realizar. 29 Virão sete anos em que haverá grande abundância em toda a terra do Egito; 30 depois, virão sete anos de fome, que farão esquecer a abundância na terra do Egito. A fome esgotará a terra, 31 e ninguém mais saberá o que era a abundância na terra, por causa da fome que virá depois, pois ela será duríssima. 32 E se o sonho do Faraó se repetiu duas vezes é porque o fato está bem decidido por parte de Deus, e Deus logo o realizará. 33 Agora, portanto, que o Faraó escolha um homem inteligente e sábio, e o coloque à frente do Egito. 34 Que o Faraó, agindo, institua funcionários no país, tome a quinta parte dos produtos da terra do Egito, durante os sete anos de abundância. 35 Que eles reúnam todos os víveres desses anos bons que virão, armazenem o trigo sob a autoridade do Faraó e guardem os víveres nas cidades. 36 Esses víveres servirão de reserva para o país, quando chegarem os sete anos de fome. Desse modo, a terra do Egito não será exterminada pela fome."

José interpretou os sonhos — sete anos de fartura seguidos por outros sete de privações — e aconselhou o faraó a se prevenir, estocando víveres nos anos de bonança. Impressionado, o faraó o nomeou seu primeiro-ministro. A história continua, com muitas peripécias que levam à reconciliação de José com seus irmãos. Porém, quando Israel morre, os irmãos de José temem pela suas vidas, achando que ele poderia querer se vingar pela ofensa passada, agora que o pai não está mais entre eles.

Gênesis — capítulo 50

15 Vendo que o pai havia morrido, os irmãos de José disseram: "E se José guardou rancor contra nós e quer nos devolver todo o mal que lhe fizemos?" 16 Então mandaram dizer a José: "Antes de morrer, seu pai expressou esta vontade: 17 'Digam a José: perdoe a seus irmãos

o crime e o pecado que cometeram, todo o mal que fizeram a você.' Portanto, perdoe o crime dos servos do Deus de seu pai." Ao ouvir o que eles mandaram dizer, José chorou. 18 Então chegaram os irmãos, prostraram-se diante de José e disseram: "Aqui estamos. Somos seus escravos." 19 José respondeu: "Não tenham medo. Por acaso eu estou no lugar de Deus? 20 Vocês pretendiam o mal contra mim, mas o projeto de Deus o transformou em bem, a fim de cumprir o que se realiza hoje: salvar a vida de um povo numeroso. 21 Portanto, não tenham medo. Eu sustentarei vocês e seus filhos." José os tranqüilizou e lhes falou afetuosamente. 22 José viveu no Egito com a família de seu pai e chegou aos cento e dez anos. 23 Conheceu os filhos de Efraim até a terceira geração, e também os filhos de Maquir, filho de Manassés, e os carregou no colo. 24 Por fim, José disse aos irmãos: "Estou para morrer, mas Deus cuidará de vocês e os fará subir daqui para a terra que ele prometeu, com juramento, dar a Abraão, Isaac e Jacó." 25 E José fez os filhos de Israel jurarem: "Quando Deus intervier em favor de vocês, levem meus ossos daqui." 26 José morreu com cento e dez anos. E eles o embalsamaram e o colocaram num sarcófago no Egito.

José não precisa mais se mostrar superior aos irmãos. Pelo contrário, ele é humilde como o são os homens verdadeiramente grandes. Seu processo de individuação atingiu um patamar elevado. Seus irmãos, que poderiam ser simbolicamente interpretados como parte de sua Sombra, não são mais seus inimigos. Na sua jornada de crescimento, de individuação, José soube se relacionar com a Sombra, e está em paz com ela.

Cabe agora uma última reflexão sobre a história de José. Será que se José não fosse o preferido do pai, por ele tão protegido, seria uma pessoa tão inábil no relacionamento com seus irmãos? Será que, se esse relacionamento não fosse difícil, ele seria vendido para o Egito? Será que, se ele tivesse melhores condições de se relacionar com o feminino, ele iria preso? Será que, se não fosse preso, teria condições de mostrar suas habilidades para o faraó? Tudo isso nos leva a meditar sobre a vida. Será que existe um plano maior para dirigir a vida de cada um de nós? Nesse caso, como fica nosso livre-arbítrio? José teve uma vida de sucesso e cumpriu o que um poder maior dele esperava. Entretanto existem casos de fracassos, de pessoas que não conseguem completar o grande plano de suas vidas, e a história de Sansão, que veremos em capítulo seguinte, é uma delas, assim como a de outros heróis bíblicos que, depois de seguirem uma promissora trajetória, se perdem — regridem na jornada de individuação — no fim de suas vidas.

CAPÍTULO 11

Samuel: o último juiz

Os hebreus não tinham um rei. Eles eram liderados por juízes, e Samuel, que sucedeu a Elias, foi o último deles. No tempo dos juízes, Javé era considerado o rei de Israel, e as cidades dos hebreus viviam com regimes políticos mais ou menos independentes uns dos outros, podendo, em caso de ataque inimigo, ter ou não um pacto de ajuda entre si. Nesse tempo o povo hebreu estava sujeito às pilhagens dos povos vizinhos, especialmente dos filisteus e dos amalequitas.

Os juízes tinham o poder de dirimir as causas entre os habitantes e, especialmente, de trazer a mensagem de Javé ao povo. A Bíblia os descreve como videntes e afirma que conversavam com Deus. Samuel foi um juiz justo e honesto, mas, em sua velhice, outorgou a função aos seus dois filhos — Joel e Abijah —, que desagradaram ao povo por sua corrupção. A história dos filhos de Samuel repete a dos de Eli, o juiz que antecedeu Samuel. Também seus filhos se entregaram à corrupção, mas Eli, reconhecendo isso, chamou-lhes a atenção e não os deixou sucedê-lo, fazendo Samuel seu sucessor. Já Samuel, a exemplo de tantos pais que não vêem defeitos nos filhos, nada fazia e deixava seus filhos pilharem e explorarem o povo.

Sofrendo com as injustiças dos filhos de Samuel, uma parte dos hebreus começou a clamar por um rei capaz de unir o povo, com um governo central que pudesse organizar a luta contra o inimigo. O povo estava dividido, e muitos eram contra a sagração de um rei. Porém os desmandos dos filhos de Samuel reforçavam o lado dos que desejavam um rei, e eles foram falar com Samuel.

Samuel 1 — capítulo 8

1 Quando já estava velho, Samuel estabeleceu os dois filhos seus como juízes em Israel. 2 Seu primeiro filho se chamava Joel, e o segundo Abias. Os dois exerceram o cargo de juiz em Bersabéia. 3 Eles, porém, não seguiram o exemplo do pai, deixando-se levar pela ganância: aceitaram suborno e distorceram o direito. 4 Então os anciãos de Israel se reuniram e foram até Samuel, em Ramá. 5 Disseram a Samuel: "Veja. Você já está velho e seus filhos não seguem o seu exemplo. Por isso, escolha para nós um rei, para que ele nos governe, como acontece em todas as nações." 6 Não agradou a Samuel a frase que eles disseram: "Dê-nos um rei para que nos governe." Então Samuel invocou a Javé. 7 E Javé disse a Samuel: "Atenda à voz do povo em tudo o que eles pedirem, pois não é a você que eles estão rejeitando, mas a mim; não querem mais que eu reine sobre eles. 8 Assim como eles têm feito desde o dia em que os tirei do Egito até hoje, abandonando-me e servindo outros deuses, a mesma coisa eles fizeram com você."

Samuel resistia. Certamente não queria ver seus poderes diminuídos. Buscou demovê-los listando os inconvenientes de um rei:

1 Samuel — capítulo 8

9 "Atenda ao pedido deles. Contudo mostre com clareza e explique para eles o direito do rei que reinará sobre eles." 10 Samuel transmitiu todas as palavras de Javé ao povo que lhe pedia um rei. 11 E lhes disse: "Este é o direito do rei que governará vocês: ele convocará os filhos de vocês para cuidar dos carros e cavalos dele, e correr à frente do seu carro. 12 Ele os nomeará chefes de mil e chefes de cinqüenta. Ele os obrigará a ararem a terra dele e a fazerem a colheita para ele, a fabricarem para ele armas de guerra e peças dos seus carros. 13 As filhas de vocês serão convocadas para trabalhar como perfumistas, cozinheiras e padeiras. 14 Ele tomará os campos, as vinhas e os melhores olivais de vocês, para dá-los aos ministros. 15 Pegará a décima parte das plantações e vinhas de vocês, e as dará aos oficiais e ministros. 16 Os melhores servos e servas, os bois e jumentos de vocês, ele os tomará para que fiquem a serviço dele, 17 e cobrará, como tributo, a décima parte dos rebanhos. E vocês mesmos serão transformados em escravos dele. 18 Quando isso acontecer, vocês se queixarão do rei que escolheram. Nesse dia, porém, Javé não dará nenhuma resposta a vocês."

Não conseguindo seu intento, Samuel se curva e resolve escolher um rei que lhe fosse indicado por Javé. A escolha recai em Saul, proveniente da tribo de Benjamim. Saul é o herói escolhido. Porém ele não quer ser rei e resiste, argumentando:

1 Samuel — capítulo 9

21 Saul respondeu: "Eu sou de Benjamim, a menor das tribos de Israel; meu clã é o menos importante de todos os da tribo de Benjamim. Por que o senhor está me dizendo isso?"

A primeira reação de Saul é recusar o chamado. Essa é uma etapa muito comum na jornada do herói. Moisés, como será relatado em capítulo posterior, tentou argumentar, negociar com Javé para não assumir seu papel.

Temos que entender que, talvez inconscientemente, Samuel queria um rei fraco, que não conseguisse agregar o povo, que justificasse sua oposição à sagração de um rei. Samuel queria, como ficará óbvio no decorrer da história, manter seus poderes, dominar Saul.

O conceito junguiano de Sombra, que vimos na história de Jacó, aparece novamente com Samuel. Pelo relato da Bíblia, Samuel era um juiz bom e honesto, que agradava ao povo. Os problemas começaram em sua velhice, com a nomeação de seus filhos. O seu erro foi não se conhecer. Samuel, o homem humilde e justo, não reconheceu — não se conscientizou — a sede de poder que havia dentro dele. Com esse problema no inconsciente, em sua Sombra, ele tudo fazia, como veremos no decorrer da história de Saul, para criar problemas para Saul, problemas que se refletiam no seu próprio povo.

Será que Samuel conscientemente queria que isso acontecesse? Claro que não. Ele era um homem justo. Porém quem não se conscientiza do material guardado no seu inconsciente está sujeito a ser dominado por ele. Cabe aqui repetir as geniais palavras de Campbell que tão bem refletem a situação vivida por Samuel: "Minha definição de demônio é um anjo que não foi reconhecido. Melhor dizendo, é um poder seu, para o qual você negou expressão e que você reprime. Então, como toda energia reprimida, ela começa a crescer e tornar-se muito perigosa."

O processo de individuação é, em última análise, o processo de busca da consciência, uma jornada na direção de se tornar um ser humano mais completo. É um processo de conscientização de partes de seu inconsciente. Enquanto

existirem partes do seu inconsciente atu[...] sua vida
sem que sejam reconhecidas pelo seu Eg[...] do consciente, você não pode ser chamado de in[...] in-diví-
duo = individido). Essas várias partes dis[...]
própria e trabalham sem o conhecimento [...] nergia

Estão enganados aqueles que julgam c[...]
que. Tudo se passa como se existissem div[...] psi-
tro de nossa mente, apesar de reconhecer[...] len-
deiramente nosso somente o Ego. Porém es[...] da-
têm força, têm energia própria e podem agi[...] es
mente do Ego. Isso se evidencia especialmer[...]
mos dominados por forte emoção.

Será que Samuel, um homem bom e j[...]
suas ações prejudicavam seu povo, causa[...]
para Saul? Acredito que não. Ele não agia c[...]
te, dirigido pelo seu Ego, mas tudo fazia p[...]
ção do seu inconsciente. Por isso é tão impo[...]
conscientizemos tanto quanto possível do co[...]
inconsciente de nossa psique. Porém nunca p[...]
conscientizar de todo o conteúdo guardado n[...]
te. Afinal, somos seres humanos e não deuses.[...]
a cada um se conscientizar da maior parte po[...]
material.

Nesse processo de conscientização — de i[...]
ção —, a primeira etapa é a conscientização de nos[...]
bra pessoal. Ela pertence ao inconsciente pessoal[...]
te também uma parte da Sombra que é coletiva, cu[...]
própria da sociedade em que se vive e que pertence a[...]
consciente coletivo. Na nossa Sombra pessoal estão aqu[...]
características que reprimimos quando crianças, que nos[...]
mente consciente não reconhece. Situando-se mais próxim[...]
da consciência, ela é a primeira parte do inconsciente com a

...e trabalhar. Se Samuel estivesse consciente de qual ...oder, certamente não teria feito o que fez, e o sua ... talvez pudesse, se Saul também se conscienti-... Sombra, ter um final feliz.

... duas versões para a escolha de Saul. Uma delas ... fez um sorteio, e a escolha recaiu em Saul. Po... mesmo do sorteio, Saul já havia sido ungido por

1 Samuel — capítulo 10

...ntão Samuel pegou a vasilha de óleo e o derramou sobre a cabe... de Saul. Depois o beijou e disse: "Javé ungiu você para ser chefe ...obre Israel, o povo dele. Você governará o povo e o libertará dos ...imigos vizinhos. Eis o sinal de que Javé ungiu você como chefe da ...erança dele."

... designação de um rei estava sendo feita por pressão po... ...r. Samuel se sentia rejeitado. Parecia esperar o dia em ... o fracasso do eleito pudesse lhe permitir dizer ao povo: ... não disse que isso não ia dar certo?" Isso certamente pre... ...dicou seu relacionamento futuro com Saul. Samuel mostra ... ressentimento, ainda não contra Saul, mas contra o povo ...ue pedia um rei, com suas palavras ao povo em Masfa. Ele ...istorcia a rejeição do povo, que não era contra sua pessoa, mas contra seus filhos corruptos, como uma rejeição a Javé.

1 Samuel — capítulo 10

17 Em Masfa, Samuel convocou o povo em torno de Javé, 18 e falou aos israelitas: "Assim diz Javé, o Deus de Israel: Eu tirei Israel do Egito, e libertei vocês do poder do Egito e do poder de todos os reinos que os oprimiam. 19 Contudo, hoje vocês rejeitaram o Deus de vocês, que os salvou de todos os males e angústias. Vocês disseram: 'Não impor-

ta, estabeleça um rei para nós!' Agora, portanto, compareçam diante de Javé por tribos e clãs."

Saul ainda tentou se esquivar. Era um pobre pastor e não se julgava competente para o cargo. Foi encontrado escondido entre as bagagens. Não é de admirar que sua aceitação como rei não tenha sido unânime.

1 Samuel — capítulo 10

20 Samuel convocou todas as tribos de Israel, e foi sorteada a tribo de Benjamim. 21 Convocou então a tribo de Benjamim por clãs, e o clã de Metri foi sorteado. E Saul, filho de Cis, foi apontado no sorteio. Procuraram Saul, mas não o encontraram. 22 Consultaram, então, a Javé: "Saul está aqui?" Javé respondeu: "Ele está escondido entre as bagagens." 23 Correram para buscá-lo, e ele apareceu no meio do povo: os outros lhe chegavam apenas até os ombros. 24 Samuel disse a todo o povo: "Estão vendo quem Javé escolheu? Não há, entre todo o povo, ninguém igual a ele." E todo o povo começou a aclamar, gritando: "Viva o rei!" 25 Samuel explicou ao povo o direito do rei, e o escreveu num livro, que colocou diante de Javé. Em seguida, despediu o povo, cada um para sua casa. 26 Saul também voltou para sua casa em Gabaá, e com ele foram também os valentes, cujo coração Deus havia tocado.

A escolha de Saul, como era de esperar, por ser ele de uma tribo menor e sem ter até então mostrado qualquer qualidade de liderança, não foi aceita por todo o povo:

1 Samuel — capítulo 10

27 Os vadios, porém, comentaram: "Como é que esse sujeito nos poderá salvar?" E o desprezaram, e não lhe deram presentes. E Saul se calava.

Pode surpreender alguns que a escolha de um rei possa se fazer por sorteio. Os antigos hebreus não pensavam assim, pois consideravam que Javé dirigia a sorte. A tirada da sorte, o lançamento de dados, as perguntas respondidas pelas pedras — Urim e Tumim — eram formas usadas para consultar Javé. O costume de buscar o conselho divino era também comum entre os romanos, que matavam um pássaro e tentavam ler em suas entranhas a resposta dos deuses às suas perguntas. Os árabes costumavam ler os desígnios divinos na borra de café de suas xícaras. Os chineses usavam o I Ching, uma forma por muitos considerada, até hoje, eficaz para se buscar conselhos do inconsciente. Todas essas são, com efeito, formas de acesso ao inconsciente.

O próprio Saul, mesmo depois de ter, resignadamente, aceitado o cargo, parecia não estar totalmente convencido de que era rei. Voltou para o campo e continuou sua atividade de pastor. Tudo se precipitou quando, estando em sua casa, em Gibeá, cuidando de seus afazeres de pastor, é informado de que os amonitas estavam sitiando a cidade de Jabes de Galaad.

1 Samuel — capítulo 11

1 Um mês depois, o amonita Naás fez uma incursão e acampou contra Jabes de Galaad. Todos os habitantes de Jabes propuseram a Naás: "Faça uma aliança conosco e seremos seus servos." 2 Naás, porém, respondeu: "Farei uma aliança com a condição de furar o olho direito de vocês. Desse modo, provocarei todo o povo de Israel." 3 Então os anciãos de Jabes lhe pediram: "Dê-nos uma trégua de sete dias. Mandaremos mensageiros a todo o território de Israel. Se ninguém nos ajudar, nós nos renderemos a você." 4 Os mensageiros chegaram a Gabaá de Saul, expuseram a situação a todo o povo, e todos começaram a chorar e a gritar. 5 Ora, aconteceu que Saul estava chegando do cam-

po, onde cuidava dos bois, e perguntou: "O que aconteceu? Por que o povo está chorando?" Contaram-lhe, então, o que os homens de Jabes lhes haviam dito. 6 Quando Saul ouviu a notícia, o espírito de Javé tomou conta dele. Saul ficou enfurecido, 7 pegou uma junta de bois, os despedaçou e os mandou por mensageiros a todo o território de Israel, com este recado: "Se alguém não acompanhar Saul e Samuel, a mesma coisa acontecerá com seus bois." O terror de Javé se abateu sobre o povo. E eles marcharam para a guerra, como se fossem um só homem. 8 Saul, em Bezec, passou revista às tropas: de Israel havia trezentos mil, e de Judá trinta mil. 9 Então Saul disse aos mensageiros: "Digam aos habitantes de Jabes de Galaad: 'Amanhã, quando o sol esquentar, vocês serão socorridos.'" Os mensageiros voltaram e deram a notícia aos habitantes de Jabes. Estes ficaram cheios de alegria, 10 e disseram a Naás: "Amanhã nos renderemos, e vocês nos tratarão como quiserem." 11 No dia seguinte, Saul distribuiu a tropa em três grupos, que invadiram o acampamento de manhãzinha, e atacaram os amonitas até a hora que o sol esquentou. Os sobreviventes se espalharam, de modo a não ficar dois juntos. 12 Então o povo disse a Samuel: "Quais eram os que diziam que Saul não reinaria sobre nós? Diga-nos os nomes deles, que nós os mataremos." 13 Saul, porém, disse: "Hoje ninguém deverá ser morto, porque neste dia Javé salvou Israel."

Existem pessoas que crescem com o cargo — são apossadas pelo espírito divino —, e Saul foi uma delas, talvez para desgosto de Samuel. Psicologicamente falando, podemos dizer que o arquétipo do herói se constelou em Saul. Homem tímido, que não queria aceitar as responsabilidades que foram jogadas sobre seus ombros, Saul se enche de coragem e entusiasmo, contagiando seguidores que partem com ele para defender o povo de Jabes de Galaad.

Samuel ainda faz uma jogada teatral para manter seu prestígio.

1 Samuel — capítulo 12

1 Samuel disse a todo Israel: "Vejam. Atendi vocês em tudo o que me pediram; estabeleci um rei para vocês. 2 De agora em diante, é o rei quem estará à frente de vocês. Eu já estou velho, de cabelos brancos, e meus filhos aí estão no meio de vocês. Fiquei à frente de vocês desde a minha juventude até hoje. 3 Aqui estou eu. Deponham contra mim diante de Javé e do seu ungido. De quem tomei um boi e de quem tomei um jumento? A quem explorei e a quem oprimi? De quem recebi dinheiro para fechar os olhos sobre o caso? Eu restituirei a vocês." 4 Eles disseram: "Você não explorou, nem oprimiu, nem tirou nada de ninguém." 5 Samuel disse para eles: "Hoje, aqui Javé é testemunha contra vocês, e o ungido dele é testemunha também, de que vocês não encontraram nada em minhas mãos." Responderam: "Ele é testemunha." 6 Então Samuel disse ao povo: "Foi Javé quem agiu com Moisés e Aarão, e tirou da terra do Egito os antepassados de vocês. (...)

12 Mas, quando vocês viram Naás, rei dos amonitas, marchando contra, vocês me disseram: 'Não importa. Queremos ser governados por um rei.' No entanto, Javé seu Deus, é o rei de vocês! 13 Agora, aí está o rei que vocês escolheram e pediram: Javé deu um rei para vocês! (...)

17 Não é agora o tempo da colheita do trigo? Pois bem! Eu invocarei a Javé, e ele mandará trovões e chuva. Reconheçam e vejam o grande mal que vocês realizaram aos olhos de Javé, pedindo um rei para vocês!"

Samuel trazia em seu inconsciente um forte complexo de poder. Queria recuperar o mando que passara a Saul, e isso foi a origem de problemas para seu povo. Será que ele estava consciente disso? Creio que não. Ele era um homem bom, honrado, e não prejudicaria seu povo conscientemente. Porém o ser humano só tem a possibilidade de controlar as forças, os complexos, que estão dentro de seu consciente, a que seu Ego tem acesso.

CAPÍTULO 12

Saul: o rei vencedor

Saul, o primeiro rei do hebreus, teve um trágico reinado aproximadamente entre 1030 e 1010 a.C., e sua história está indissoluvelmente ligada à de Samuel, que, contra sua vontade, o sagrou como rei. Seus primeiros anos de reinado foram muito promissores, tendo Saul conquistado importantes vitórias sobre os inimigos de seu povo.

A vitória de Saul sobre os amonitas aumentou sua popularidade. Porém o problema maior dos filhos de Israel eram os filisteus, que os dominavam, proibindo os hebreus até mesmo de trabalhar com o metal para que não pudessem produzir armas. No segundo ano de seu reinado, Saul declara guerra aos filisteus, que se preparavam para atacar o reino e, em condições extremamente adversas, contando com a coragem de seu filho Jônatas, consegue um estrondoso sucesso. Sua popularidade crescia cada vez mais, e isso incomodava Samuel. Enquanto o lado consciente de Samuel queria e torcia pelo sucesso de seu povo, seu lado inconsciente sabotava esse sucesso. Vejamos um exemplo dessa sabotagem inconsciente. Era costume do povo hebreu que antes de uma grande batalha se fizessem oferendas a Javé, para que lhes propiciasse a vitória. Tal solenidade deveria ser presidida por Samuel, que se consolidara como a voz de Javé junto ao povo. E Samuel exigiu que Saul esperasse sete dias por ele. Saul, obediente, esperou os sete dias. Seu exército, com medo do grande exército filisteu, começava a se dispersar, a fugir e a se esconder em cavernas. Samuel não aparecia. Saul não teve outra alternativa senão realizar, ele mesmo, os ritos propiciatórios, no que foi veementemente reprovado por Samuel, chegando atrasado, quando os ritos já haviam terminado.

1 Samuel — capítulo 13
4 Todo Israel soube que Saul tinha matado o governador filisteu, e também que Israel se havia tornado odioso para os filisteus. Então o povo se reuniu atrás de Saul, em Guilgal. 5 Os filisteus se reuniram para combater Israel: três mil carros, seis mil cavalos e uma tão numerosa multidão como os grãos de areia da praia. Subiram e acamparam em Macmas, ao oriente de Bet-Áven. 6 Os israelitas se viram em apuros, porque estavam muito perto uns dos outros. Então o povo se escondeu em cavernas, buracos, rochas, grutas e poços. 7 Alguns hebreus atravessaram o Jordão para o território de Gad e Galaad. Saul estava ainda em Guilgal e todo o povo, tremendo de medo, foi à procura dele. 8 Ele esperou sete dias pela reunião marcada com Samuel. Mas Samuel não chegou a Guilgal, e o povo começou a debandar, abandonando Saul. 9 Então Saul disse: "Preparem o holocausto e os sacrifícios de comunhão." E ofereceu o holocausto. 10 Ele estava acabando de oferecer o holocausto, quando Samuel chegou. Saul foi ao encontro dele para saudá-lo. 11 Samuel perguntou: "O que é que você fez?" Saul respondeu: "Vi que o povo me abandonava e debandava, que você não chegava para a reunião no dia marcado, e que os filisteus estavam

reunidos em Macmas. 12 Então eu refleti: 'Agora os filisteus vão cair sobre mim em Guilgal, sem que eu tenha oferecido sacrifícios a Javé.' Assim forçado, ofereci o holocausto." 13 Samuel disse a Saul: "Você agiu como louco! Você não obedeceu ao mandamento que Javé seu Deus lhe tinha ordenado. Certamente Javé teria confirmado para sempre o reinado que você exerceria sobre Israel. 14 Agora, porém, o seu reinado não se firmará. Javé encontrou um homem conforme o coração dele e o nomeou chefe do seu povo, porque você não obedeceu ao que Javé lhe tinha ordenado."

Samuel joga uma praga sobre Saul. Apesar disso, Saul teve retumbante vitória, o que aumentou consideravelmente seu prestígio. Isso não podia ser tolerado por Samuel — melhor dizendo, pelo lado inconsciente de Samuel. A despeito de tudo, o amor do povo hebreu por seu rei continuava aumentando.

Porém a derrocada de Saul estava se iniciando, uma derrota dentro de sua psique. Saul estava se deixando dominar por sua Sombra, ainda inconsciente, projetada em Samuel. Mesmo vencendo batalhas contra os inimigos do seu povo, sendo amado por ele, Saul perdia as batalhas internas, e sua vida se transformava em um pesadelo.

E vem uma nova guerra, agora contra os amalecitas.

1 Samuel — capítulo 15

1 Samuel disse a Saul: "Javé me enviou para ungir você como rei sobre seu povo de Israel. Agora, pois, escute as palavras de Javé: 2 'Assim diz Javé dos exércitos: Vou pedir contas a Amalec pelo que ele fez contra Israel, cortando-lhe o caminho, quando Israel subia do Egito. 3 Agora vá, ataque, e condene ao extermínio tudo o que pertence a Amalec. Não tenha piedade: mate homens e mulheres, crianças e recém-nascidos, bois e ovelhas, camelos e jumentos.'"

7 Saul derrotou os amalecitas desde Hévila até Sur, que fica na fronteira do Egito. 8 Capturou vivo Agag, rei dos amalecitas, e passou a fio de espada todo o povo, para cumprir a lei do extermínio. 9 Contudo Saul e sua tropa pouparam Agag e o que havia de melhor em ovelhas e vacas, o gado mais gordo e os cordeiros. Não incluíram no extermínio o que havia de melhor; exterminaram apenas o que não valia nada. (...)

13 Samuel se apresentou a Saul, que lhe disse: "Que Javé abençoe você. Eu cumpri a ordem de Javé." 14 Mas Samuel lhe perguntou: "E o que são esses balidos e mugidos que estou ouvindo?" 15 Saul respondeu: "Nós os trouxemos de Amalec. A tropa deixou com vida as melhores ovelhas e vacas para oferecer em sacrifício a Javé seu Deus. Quanto ao resto, exterminamos tudo." 16 Samuel, porém, disse a Saul: "Cale-se! Deixe-me contar a você o que Javé me revelou esta noite." Saul respondeu: "Pode falar." 17 Samuel disse: "Embora se considere pequeno, você é o chefe das tribos de Israel, porque Javé ungiu você como rei de Israel. 18 Ele enviou você nessa expedição e ordenou: 'Vá e extermine completamente esses amalecitas pecadores, combatendo-os até acabar com eles.' 19 Por que você não obedeceu a Javé? Por que se apoderou dos despojos, fazendo o que Javé reprova?" 20 Saul respondeu a Samuel: "Mas eu obedeci a Javé! Fiz a expedição para a qual ele me enviou, trouxe Agag, rei de Amalec, e cumpri a lei do extermínio contra os amalecitas. 21 E se a tropa reteve ovelhas e vacas dos despojos, o melhor daquilo que deveria ser exterminado, foi para sacrificar a Javé seu Deus em Guilgal." 22 Samuel, porém, replicou: "O que é que Javé prefere? Que lhe ofereçam holocaustos e sacrifícios ou que obedeçam à sua palavra? Obedecer vale mais do que oferecer sacrifícios. Ser dócil é mais importante do que a gordura de carneiros. 23 A rebelião é um pecado de feitiçaria, e a obstinação é um crime de idolatria. Você rejeita a palavra de Javé. Por isso, ele rejeita você como rei." 24 Então Saul disse a Samuel: "Pequei. Desobedeci à ordem de Javé e o que você mandou. Fiquei com medo da tropa e obedeci a ela. 25 Agora, porém, perdoe meu pecado, venha comigo

e eu adorarei a Javé." 26 Mas Samuel respondeu: "Não voltarei com você. Porque você rejeitou a palavra de Javé, Javé rejeita você como rei de Israel."

Nada que Saul fazia era bom aos olhos de Samuel, cego pela sua sede de poder que estava em sua Sombra. Saul não estava consciente do mal que Samuel fazia a ele e ao povo hebreu. Ele poderia ter perfeitamente questionado a quebra de promessa de Samuel, prometendo chegar em sete dias antes da grande batalha contra os filisteus. Ele estava totalmente justificado, ao oficiar o holocausto e as ofertas a Javé sem esperar por Samuel, pela debandada de seu exército. Porém, ainda assim, se julgava culpado. Mesmo com as vitórias que conseguia, mesmo com a grande lealdade que o povo de Israel lhe conferia, Saul se sentia inferior a Samuel, julgando depender dele para ter acesso a Javé.

O que faltou a Saul? Coragem. É estranho fazer tal afirmação sobre um guerreiro corajoso como Saul. Porém a coragem no campo de batalha não necessariamente se repete na luta interna, na jornada de individuação. Saul se julgava inferior a Samuel para se entender com Javé. Mesmo depois da vitória sobre os amalecitas, Saul ainda se humilha frente a Samuel.

Jung reconheceu que o ser humano nasce com certas predisposições, certas preferências de como encarar a vida. Podemos distinguir inicialmente dois tipos de atitudes: extrovertida ou introvertida. De maneira bastante simplificada, podemos dizer que o extrovertido tem maior facilidade de se relacionar com o mundo exterior, enquanto o introvertido tem essa facilidade no relacionamento com seu mundo interior.

Saul era, provavelmente, do tipo extrovertido. Seu relacionamento com o mundo exterior, com seus súditos, com seus comandados, era excelente. Porém, quando, na segunda metade da vida, foi chamado a relacionar-se com o seu mundo interior, os problemas apareceram.

> **1 Samuel — capítulo 15**
> 27 Quando Samuel se virou para partir, Saul agarrou a barra do manto dele, rasgando-o. 28 Samuel lhe disse: "Javé arranca hoje de você o reinado sobre Israel e o entrega a outro mais digno do que você. 29 O esplendor de Israel não mente, nem se arrepende, porque não é homem para se arrepender." 30 Saul respondeu: "Está certo, eu pequei. Mas agora salve minha honra diante dos anciãos do povo e de Israel. Volte comigo, para que eu adore Javé, seu Deus." 31 Então Samuel voltou em companhia de Saul, e este adorou a Javé.

Outras vitórias militares aconteceram durante seu reino, mas Saul estava derrotado. Saul dera um passo importante ao tomar a decisão de realizar os sacrifícios para Javé, sem esperar pelo retardatário Samuel. Essa decisão, absolutamente correta, representava uma etapa no caminho de sua individuação, de sua libertação de Samuel. Porém Saul recuou e cedeu novamente.

Samuel estava personificando um aspecto da Sombra de Saul. Ele não acreditava em sua capacidade de se comunicar com Javé e estava projetando em Samuel esse poder. Mesmo sua retumbante vitória contra os filisteus não foi suficiente para lhe provar que Javé estava com ele, ao contrário do que Samuel dizia. Saul não acreditava em seus poderes, não se conscientizava deles, e era dominado por Samuel. Saul não alcançava um relacionamento satisfatório com seu mundo interior.

Saul poderia ter atingido um nível de consciência individual, saído do jugo de Samuel, falando diretamente com

Javé, como fez quando oficiou a homenagem a Javé antes da batalha. Porém, ao recuar, admitir seu erro, pedir perdão a Samuel por seu ato totalmente justificado, Saul deu um imenso passo atrás. Quando uma pessoa atinge um nível de crescimento psicológico, de conscientização, qualquer recuo é severamente punido pelo inconsciente. E recuar foi o que Saul fez. Como Jesus disse: "Ninguém que, tendo posto a mão no arado, olha para trás, é apto para o reino de Deus" (Lucas 9.62).

Saul atingira o ponto máximo de seu reinado. Vencera os inimigos, era querido pelo povo e poderia gozar de seu sucesso com relativa calma. Porém o sucesso externo, por maior que seja, não substitui a necessidade da individuação, e o *Self* cobrava de Saul um trabalho nessa direção. Um trabalho interno. Saul tinha que mudar, uma mudança interna, dentro de sua psique, mas ele não sabia mudar. Agora que as batalhas externas estavam vencidas, cabia a Saul cuidar da batalha interna, o caminho da individuação, da expansão da consciência.

A situação em que Saul se encontrava não é incomum no mundo moderno. Pessoas que chegam ao ápice de suas carreiras, atingindo posições como presidentes de grandes corporações, se vêem enfrentando esse problema. A vida lhes parece vazia, já que todos os desafios externos foram vencidos. Não querendo ou não sabendo se dedicar ao desafio interno, ao crescimento pessoal, entram em depressão.

Saul começou a ter terríveis dores de cabeça. Os servos de Saul lhe disseram: "Eis que, agora, um espírito maligno, enviado por Deus, te atormenta." Qual a razão disso? Por que Deus enviaria a Saul um espírito maligno? Será que seu Ego, ao resistir às investidas do inconsciente, que buscava forçar Saul a um crescimento psicológico, a uma maior conscientização, atraía para si esse espírito maligno? A Bíblia conta.

1 Samuel — capítulo 16

14 O espírito de Javé afastou-se de Saul, e ele começou a ficar agitado por um espírito mau, enviado por Javé. 15 Então os servos de Saul lhe disseram: "Você está sendo agitado por um espírito mau enviado por Deus. 16 Dê uma ordem, e nós, seus servos, vamos procurar alguém que saiba tocar harpa; desse modo, quando o espírito mau enviado por Deus o atormentar, alguém tocará para você, e você se sentirá melhor." 17 Então Saul ordenou: "Procurem alguém que saiba tocar bem e o tragam para mim." 18 Um dos servos disse: "Conheço um filho do belemita Jessé. Ele sabe tocar e é valente guerreiro. Além disso, fala bem, é de boa aparência e Javé está com ele." 19 Então Saul enviou mensageiros a Jessé com esta ordem: "Mande-me o seu filho Davi, que está com o rebanho." 20 Jessé pegou cinco pães, uma vasilha com vinho e um cabrito, e mandou seu filho Davi levar tudo a Saul. 21 Davi chegou ao palácio e se apresentou a Saul; o rei ficou muito bem impressionado com ele e o tornou seu escudeiro. 22 E Saul mandou dizer a Jessé: "Davi ficará a meu serviço, porque eu gosto dele." 23 Todas as vezes que o espírito de Deus atacava Saul, Davi pegava a harpa e tocava. Então Saul se acalmava, sentia-se melhor, e o espírito mau o deixava.

Será que podemos entender que Javé é a origem do mal? Como mencionamos, Javé é a origem de tudo, é completo, e é, portanto, a origem do bem e do mal. Isso está claro no Velho Testamento. Como exemplo, vejamos o que diz a Bíblia no livro de Isaías:

Isaías — capítulo 45

5 Eu sou Javé, e não existe outro; fora de mim não existe deus algum. Eu armei você, ainda que você não me conheça, 6 para que fique

sabendo, desde o nascer do sol até o poente, que fora de mim não existe nenhum outro. Eu sou Javé, e não existe outro: 7 eu formo a luz e crio as trevas; sou o autor da paz e crio a desgraça. Eu, Javé, faço todas essas coisas.

A afirmação de que Javé é o responsável pelo mal aparece também no livro de Amós:

Amós — capítulo 3
6 Soa a trombeta na cidade, sem que a população se alarme? Vem alguma desgraça sobre a cidade, sem que Deus a tenha mandado?

O Velho Testamento é monoteísta, com Javé aparecendo como único Deus, responsável pelo bem e pelo mal. Satã praticamente não aparece nos livros do Velho Testamento, exceto, de forma menos importante, em Zacarias 3.2 e no Salmo 109. A única vez em que Satã representa papel importante em todo o Velho Testamento é no Livro de Jó, que Jung considera como precursor das idéias cristãs e sobre o qual falaremos em capítulo posterior. Já o Novo Testamento menciona Satã mais de 60 vezes. Aliás, como dissemos, Clemente de Roma, um dos patriarcas da Igreja Cristã, teria dito que Deus dirige o mundo com a mão direita e a esquerda: a direita, Cristo, e a esquerda, Satã. Clemente foi papa no primeiro século, e a doutrina do Privatio Boni,* que atribui todo o bem a Deus e todo o mal aos seres humanos, ainda não era aceita.

Saul estava doente, e sua neurose se refletia em uma mania de perseguição. Jung costumava dizer que: "nunca curamos uma neurose, mas ela, eventualmente, nos cura." Saul, infelizmente, não foi curado por ela.

---

* Privação do bem.

A neurose nos força a mudar, a tomar alguma atitude, e se esta for trabalhar nosso problema interno, lutar nossa batalha interna, poderemos ser curados. Desde que Samuel lhe revelara: "Já que rejeitaste a ordem do Senhor, ele te rejeitou como rei", Saul passou a ficar com medo de perder o trono. E, com os sucessos militares de Davi, acreditou que ele fosse seu inimigo.

Uma maneira de entender por que Javé enviou um espírito maligno para atormentar Saul é que, sempre que o Ego resiste ao crescimento, a uma maior conscientização, a caminhar pela estrada da individuação, o *Self* providencia uma neurose ou mesmo uma doença física ou um acidente que impeça o ser humano de continuar no caminho escolhido pelo Ego. Devemos estar sempre atentos às mensagens do *Self*, pois os primeiros sinais podem ser pequenos, quase imperceptíveis. Mas, se nosso Ego persiste em não querer mudar, em não querer seguir a jornada de individuação, o *Self* pode nos atropelar como um trator. Hoje sabemos que muitas doenças físicas, talvez a maioria, têm origem psíquica. Não é por acaso que se costuma dizer que a pessoa "fez um câncer" em vez de "tem um câncer".

Quando um ser humano resiste a seguir sua jornada de individuação, o lado negro de Javé, o lado terrível do *Self*, entra em operação. Ele é responsável por um sentimento de ameaça, uma ansiedade interna, que pressiona o ser humano para mudar. Muitas vezes o homem, erradamente, projeta esse problema interno para situações exteriores: medo de perdas financeiras, de doenças, de desemprego, de perdas de relacionamentos etc. Entretanto, olhado do ponto de vista do *Self*, o problema é a recusa da própria pessoa em prosseguir com sua jornada interior — a jornada de individuação —, e a ansiedade que o *Self* provoca é sua forma de pressão para que a jornada continue.

O lado negativo de Deus precisa receber atenção. Caso contrário, ele se volta contra o Ego, atacando quem tenta impedir o prosseguimento da jornada de individuação. Infelizmente é comum o ser humano projetar o problema interno para o exterior, como fez Saul ao culpar Davi por seus problemas, como relata a Bíblia.

Saul demonstrou ser homem corajoso quando combateu os inimigos de seu povo. Porém nessa nova luta — nessa batalha interior — ele precisa mais do que de coragem; precisa saber colocar o foco no seu mundo interior e ser capaz de aceitar o lado irracional da vida, com suas sutilezas e paradoxos. Precisa escutar seus sonhos e as mensagens que Deus nos envia. Entretanto Saul mantém seu modo extrovertido de ver o mundo. Seu Ego não quer admitir mudanças, não aceita um diálogo com as suas energias interiores. Acha que pode ser curado por meios externos, ouvindo música, que, por ironia, lhe é trazida por Davi, sobre quem Saul vai projetar seus males. Ao contrário de outros patriarcas da Bíblia — Jacó, José, Moisés —, ele não conseguiu caminhar para a frente em sua jornada de individuação.

Quem começou sua jornada de individuação não tem alternativa: ou a completa ou fica destruído pelo caminho. Foi o que aconteceu com Saul, um herói que não completou sua jornada. É conveniente relembrar o que disse Jesus: "Ninguém que, tendo posto a mão no arado, olha para trás, é apto para o reino de Deus" (Lucas 9.62). Saul deu muitos passos na direção correta, mas se perdeu no caminho, se destruindo no processo. Nunca conseguiu abrir mão de sua posição egocêntrica, recusando-se a ceder espaço para o *Self*.

Essa resistência de nada adiantou a Saul. No último capítulo de sua vida, quando se jogou sobre sua espada, seu Ego se entregou ao *Self*. Ele desistiu de proteger seu Ego, fez face ao que lhe era inaceitável e abraçou sua morte. Poderia ter esperado e ter sido executado pelo inimigo, mas seu Ego soube ser forte e, ao se lançar sobre sua espada, abraça o *Self* a que tanto resistira.

O grande inimigo de Saul foi ele mesmo, sua visão unilateral extrovertida do mundo. Quanto mais tenta desesperadamente defender seu Ego contra os "inimigos" internos, mais ele se torna vulnerável e aumenta sua crise. Saul poderia ter enfrentado sua crise anteriormente, evitando esse final infeliz. Quando Samuel fez seu terrível pronunciamento ("Porque você rejeitou a palavra de Javé, Javé rejeita você como rei de Israel" — 1 Samuel 15.26), Saul deveria ter sido bastante forte e corajoso para admitir que talvez não estivesse mesmo preparado para ser rei, como pensava no início de sua carreira. Porém, enquanto Javé não o substituísse, ele poderia exercer sua função com coragem da melhor forma possível. Essa atitude o levaria a uma dissolução de sua egocentricidade e, quem sabe, à renovação de sua aliança com Javé, o *Self*.

CAPÍTULO 13

Saul: o rei vencido

Saul estava em Gabaá, em companhia de seus cortesãos, reclamando que nenhum deles o havia avisado de que seu filho Jônatas protegia Davi. Um dos presentes, Doeg, que testemunhara o encontro de Davi com o sacerdote Aquimelec, resolve denunciá-lo. Saul manda chamar Aquimelec e, apesar da sua justificativa de que não sabia que Davi fugia de Saul, manda matá-lo.

1 Samuel — capítulo 22

9 Doeg, o edomita, que estava entre os ministros de Saul, falou: "Eu vi o filho de Jessé chegar a Nob, na casa de Aquimelec, filho de Aquitob. 10 E Aquimelec consultou Javé para Davi e também lhe deu provisões e a espada de Golias, o filisteu." 11 Então Saul mandou chamar o sacerdote Aquimelec, filho de Aquitob, junto com toda a família dele, os sacerdotes de Nob. Todos se apresentaram ao rei, 12 que lhes disse: "Escute, filho de Aquitob." Ele respondeu: "Aqui estou, meu senhor." 13 Saul lhe perguntou: "Por que você e o filho de Jessé conspiraram contra mim? Você lhe deu comida e uma espada, e consultou a Deus

em favor dele, para que se transformasse em inimigo meu, como está acontecendo hoje." 14 Aquimelec respondeu ao rei: "Quem é como Davi entre todos os ministros do rei? Ele é fiel, é genro do rei, chefe de sua guarda e honrado em seu palácio. 15 Por acaso, foi a primeira vez que consultei a Deus para Davi? Longe de mim! Que o rei não jogue tal acusação sobre o seu servo e toda a sua família. Seu servo não sabia nada sobre isso, nem muito, nem pouco." 16 O rei replicou: "Aquimelec, você vai morrer com toda a sua família." 17 Em seguida, o rei ordenou aos da sua guarda: "Aproximem-se e matem os sacerdotes de Javé, porque estão do lado de Davi; eles sabiam que Davi estava fugindo e não o denunciaram." Mas os guardas do rei não quiseram levantar a mão para matar os sacerdotes de Javé. 18 Então o rei ordenou a Doeg: "Vá você e mate os sacerdotes." Doeg, o edomita, foi e matou os sacerdotes. Nesse dia, morreram oitenta e cinco homens que levavam o efod. 19 Em Nob, a cidade dos sacerdotes, Saul passou a fio de espada homens e mulheres, crianças e recém-nascidos, bois, jumentos e ovelhas. 20 Escapou apenas um filho de Aquimelec, filho de Aquitob. Ele se chamava Abiatar, que saiu fugindo à procura de Davi.

Esse episódio mostra Saul dominado pela sua Sombra, identificado com ela. Sem haver se conscientizado dela, Saul está sujeito a agir inconscientemente, levado por sua raiva, dominado pela emoção e tomando decisões injustas e desastrosas, que contrariam até mesmo seus súditos mais leais.

Podemos dizer que Saul é egocêntrico. Egocêntrica é uma pessoa que julga ser o Ego o único diretor de sua psique. Porém que não se pense que uma pessoa egocêntrica tem um Ego forte. Pelo contrário, ao não reconhecer outros parceiros na psique, o Ego é, em diversas ocasiões, dominado pelo inconsciente, que passa a comandar suas ações. O

Ego seria forte se estivesse consciente de sua Sombra, consciente da existência de parceiros que, junto com ele, habitam e influenciam a psique de todo ser humano. Esse reconhecimento poderia dar forças ao Ego para se opor àqueles impulsos sombrios do inconsciente. Somente um Ego forte pode suportar uma jornada de individuação, que exige o confronto doloroso com o lado inconsciente de sua psique. Ao contrário, um Ego fraco torna a pessoa egocêntrica, tentando, com isso, mas sem sucesso, proteger esse Ego.

Como podemos resolver o problema do egocentrismo? O Velho Testamento nos mostra que os sonhos sempre foram reverenciados pelos hebreus antigos, que os viam como uma forma de Javé falar com os homens. Inúmeros são os exemplos de sonhos de fundamental importância — grandes sonhos — no Velho Testamento, sendo o de Jacó, o da escada por onde desceu o anjo de Javé, um dos mais famosos. Muitas das visões dos profetas talvez tenham sido sonhos. Sob a influência dos sonhos, o Ego gradualmente se conscientiza de que ele não é o senhor da psique, que outras forças mais poderosas convivem com ele no interior da mente. Se Saul tivesse dado atenção aos seus sonhos, poderia ter conseguido um relacionamento proveitoso com o *Self* e reduzido paulatinamente seu egocentrismo.

Outra forma de se comunicar com o Senhor é por meio das preces. Os exemplos de pessoas rezando no Velho Testamento são escassos. Talvez, por Javé ser um Deus perigoso, somente os corajosos se arriscavam a tentar um contato direto com Ele. Mas para seguir a jornada de individuação é preciso ter coragem.

Saul provavelmente seria diagnosticado, se fosse fazer uma consulta com um psiquiatra, como sofrendo de depressão. É bem possível que lhe fosse receitado um medicamento, talvez o Prozac, para levantar seu ânimo. Seria esse o tratamento ideal? Seria essa a solução para Saul, seria isso que o tornaria novamente forte, capaz de governar o reino? Será que o problema de Saul poderia se resolver com um remédio?

A depressão pode ser originária de três causas. Se for um problema orgânico, a medicação poderia ser aconselhada, mas nem sempre tal solução é suficiente. Um tratamento psicológico é, hoje em dia, reconhecido como uma complementação quase indispensável ao tratamento medicamentoso.

Porém existem outros dois tipos de depressão. Aquela provocada por um choque violento, a morte de um ente muito querido, por exemplo, e que vamos chamar de depressão reativa. Para exemplificar esse tipo de depressão, vou relatar um episódio que me foi contado pelo psicólogo Luís César Ebraico, autor de um valioso livro — *A nova conversa*. Uma velha senhora, depois de um casamento harmonioso de muitos anos, perdeu o marido e, evidentemente, entrou em depressão. Suas amigas, querendo animá-la, a convidavam para sair, ir ao cinema, ao teatro, tentando, de maneira bem-intencionada, tirá-la da natural depressão que ela estava vivenciando. Essa senhora perguntou ao Luís César: será que eu estou louca, ou todas elas estão? A resposta foi curta e direta: todas estão. A depressão reativa, passageira, provocada pela perda de um ente querido é normal e até saudável; é preciso tempo para a psique se recompor e se adaptar à nova situação.

Um último tipo de depressão, que poderia ser chamada de existencial, é provocada por um obstáculo na jornada de individuação que a pessoa não consegue transpor. Essa parece ter sido a que atacava Saul, que resistia a dar continuidade à sua jornada de individuação.

Saul se saiu muito bem na primeira parte de sua jornada, aquela em que o objetivo é o fortalecimento do Ego e que normalmente ocorre na primeira metade de vida. Venceu os inimigos externos, consolidou o reino e era querido pelo povo.

Isso, porém, não é tudo. A vida nos pede que em sua segunda metade façamos uma jornada interior. É tempo de integrarmos nossa Sombra, de estabelecermos um relacionamento com outras partes de nossa psique. É tempo de nos conhecermos melhor, de reconhecermos energias que operam dentro de nossa psique, de prestarmos homenagens aos deuses que habitam nosso inconsciente antes que eles se transformem em demônios. Para esse trabalho interno, Saul estava mal equipado. A coragem que tinha para vencer seus inimigos exteriores lhe faltou nas batalhas interiores.

Independentemente do sucesso que possamos ter alcançado no mundo exterior — sob tal aspecto, Saul foi indubitavelmente um vencedor —, se não atendermos às demandas de nossos deuses interiores, seremos atingidos pela depressão. Milhares são os casos de pessoas com grande sucesso profissional, insatisfeitas consigo e com sua própria vida. Muitos continuam a buscar sucesso exterior. Acham que um novo carro, uma nova casa, uma jovem amante, mais uma promoção em sua carreira são meios de resolver o problema. Ledo engano!

Nas duas últimas formas relatadas, a depressão é uma neurose. Jung dizia que "a neurose é um deus ofendido". Dizia mais, que "não podemos curar uma neurose", mas que "algumas vezes elas nos curam". Algumas pessoas podem acabar até mesmo por abençoar sua depressão, pois ela os força a mudar de vida.

O Ego fará tudo que estiver em seu poder para garantir o que ele define como uma vida boa. Porém o objetivo do *Self* é forçar a continuação da jornada de individuação, mesmo que para isso tenha que atravessar uma depressão. Como disse Jung, a neurose, depressiva ou de outra natureza, pode curar alguns, mas nem a todos. A depressão de Saul não foi capaz de curá-lo. Ele morreu com ela.

PARTE E

Anima: o encontro com o feminino

A idéia de que o homem tem dentro de sua psique elementos femininos, da mesma maneira que a mulher possui elementos masculinos, não é nova. Os alquimistas já postulavam o hermafrodita adâmico, atribuindo o conceito a Hermes Trimegisto. Também os índios americanos tinham conceito semelhante. Hyemeyohsts Storm já dizia que "dentro de cada homem existe a representação da mulher, e dentro de cada mulher, a do homem".

Jung adotou esse conceito na psicologia, conceituando os arquétipos da Anima e do Animus. A Anima, representando o lado feminino no homem, é um arquétipo que faz parte do inconsciente coletivo do homem, enquanto o Animus, representando o lado masculino na mulher, faz parte do inconsciente coletivo da mulher.

Posteriormente, Jung expandiu esses conceitos, admitindo a existência de ambos nos dois sexos. Porém, não sendo o objetivo deste livro se aprofundar na psicologia junguiana, vamos considerar o conceito mais simples, que Jung usa em um de seus últimos livros, *O homem e seus símbolos*, que define Anima como a personificação de todas as tendências femininas na psique do homem, como sentimentos vagos e humores.

O conceito de Anima, representando o lado feminino no homem, já aparece anteriormente nas histórias de Jacó e de José, mas achei mais conveniente usar outras histórias para explicar o conceito. Para mostrar a influência da Anima, vamos usar outras histórias da Bíblia: os exemplos de Sansão-Dalila e de Davi-Betsabá são mais contundentes.

A Anima é um arquétipo. Como tal, tem o seu lado positivo e o negativo, bem apresentados nos mitos que se discutem a seguir — o de Sansão e o de Davi —, em que os dois aspectos são ressaltados.

CAPÍTULO 14

Sansão e Dalila

A história de Sansão é contada no Livro dos Juízes. Naquele tempo os hebreus estavam sob o jugo dos filisteus havia já 40 anos. A mãe de Sansão era estéril, mas recebeu a visita de um anjo, informando-a de que conceberia um filho e de que ele deveria ser consagrado ao Senhor. O nascimento milagroso de Sansão é um dos fatores que freqüentemente aparecem na vida dos heróis — Sansão nasceu de mãe estéril, anunciado pelo anjo do Senhor. Jesus nasceu de mãe virgem, também anunciado pelo anjo de Senhor.

Juízes — capítulo 13

1 Os israelitas tornaram a fazer o que Javé reprova. E Javé os entregou aos filisteus durante quarenta anos. 2 Havia um homem de Saraá, do clã de Dã, que se chamava Manué. Sua mulher era estéril e não tinha filhos. 3 O anjo de Javé apareceu à mulher e lhe disse: "Você é estéril e não tem filhos, mas ficará grávida e dará à luz um filho. 4 Tome cuidado: não beba vinho, nem qualquer outra bebida alcoólica,

> e não coma nada que seja impuro, 5 porque você ficará grávida e dará à luz um filho. A navalha não será passada sobre a cabeça do menino, porque desde o seio da mãe ele será consagrado a Deus. É ele quem começará a salvar Israel do poder dos filisteus." (...)
> 24 A mulher deu à luz um filho e lhe deu o nome de Sansão. O menino cresceu e Javé o abençoou. 25 E o espírito de Javé começou a agitar Sansão no Acampamento de Dã, entre Saraá e Estaol.

A Bíblia nos diz que o nome do pai de Sansão era Manué. Chama a atenção o fato de que, em todo esse episódio, o nome da mãe de Sansão nunca é mencionado. Ela é sempre tratada como "a mulher". Isso mostra como, no regime patriarcal que imperava quando a Bíblia estava sendo escrita, a mulher era desvalorizada. Como veremos adiante, a desvalorização da mulher, e a conseqüente inabilidade de Sansão em lidar com o feminino, provoca sua derrota e morte.

Essa visão patriarcal do mundo não era exclusiva dos hebreus. Uma das mentes mais brilhantes do mundo ocidental, Aristóteles, que viveu no século IV a.C, expressa seu pensamento sobre a mulher na sua *Poética*: "Esta bondade pode estar em todos os tipos de personagens, incluindo a mulher e o escravo, ainda que a mulher seja inferior e o escravo, insignificante" (§ 83).

A Anima, o arquétipo que personifica a natureza feminina do homem, engloba, como todo arquétipo, características positivas e negativas, dependendo de como o Ego se relaciona com ele. Se o relacionamento é ruim, a Anima pode ser uma terrível inimiga, como o foi de Sansão.

Apesar de consagrado a Javé, Sansão queria se casar com uma mulher filistéia. Não adiantou o protesto de seus pais; ele insistiu e casou-se com a moça. Começava o conflito do Ego de Sansão com sua Anima.

O casamento não deu certo. Sansão não sabia se relacionar com o feminino. Tomado de raiva contra os filisteus, começou a guerreá-los. Em uma só oportunidade, matou mil deles. Posteriormente, causou grande estrago em suas colheitas. Ora, os filisteus foram exigir vingança.

Juízes — capítulo 15 — Arma de Sansão

9 Os filisteus subiram e acamparam contra Judá, saindo para atacar na região de Queixada. 10 Os habitantes de Judá protestaram: "Por que vocês subiram contra nós?" Os filisteus responderam: "Aqui estamos para prender Sansão e lhe devolver o que ele fez conosco." 11 Três mil homens de Judá foram à gruta do rochedo de Etam e disseram a Sansão: "Você não sabe que estamos sob o domínio dos filisteus? Por que você fez isso conosco?" Sansão respondeu: "Paguei a eles com a mesma moeda." 12 Eles insistiram: "Viemos aqui para prender você e o entregar aos filisteus." Sansão disse: "Jurem que vocês não vão me matar." 13 Eles responderam: "Não. Só queremos prender você e o entregar a eles. Não pretendemos matá-lo." Então o amarraram com duas cordas novas e o levaram para fora do rochedo. 14 Quando Sansão estava chegando a Queixada, os filisteus foram recebê-lo com grande algazarra. O espírito de Javé invadiu Sansão, e as cordas que lhe amarravam os braços ficaram como fio de linho queimado, e os laços que prendiam suas mãos se soltaram. 15 Vendo uma queixada de jumento ainda fresca, Sansão a pegou e com ela matou mil homens.

Porém Sansão não aprendia; não conseguia ter um relacionamento saudável com seu lado feminino, com sua Anima. Apaixonou-se por Dalila e voltou a ter problemas com seu lado feminino.

O fenômeno do amor romântico, aquela paixão arrebatadora motivo de tantas histórias, lendas e mitos na literatura universal, encontrou excelente explicação na psicologia junguiana. Jung criou os conceitos de Anima e Animus, já mencionados, para caracterizar os arquétipos, que encontram espaço na psique humana e servem para conter as características do sexo oposto. Sendo arquétipos, são inconscientes, não tendo o Ego — a parte consciente da psique — acesso direto a eles.

Um outro fenômeno, bem caracterizado por Jung, é o da projeção. Sem acesso direto ao material contido em seu inconsciente, o ser humano pode projetar em outra pessoa esse material. Quem não se sentiria atraído por uma parte sua mas que não conhece como sua? Essa é a força de atração da projeção.

Já mencionamos que quando o homem projeta sua Anima em uma mulher essa passa a ser vista como uma deusa, com todas as qualidades e nenhum defeito. Não importa os defeitos que ela possua — ele a vê como uma pessoa perfeita. Esse amor romântico ocorre subitamente, como se a pessoa houvesse recebido uma flechada de Eros — Cupido —, o deus grego do amor. Mas o oposto também poderia acontecer. Como todo arquétipo tem um lado positivo e um negativo, se o homem projetar em uma mulher sua Anima negativa, ela passa a ser uma bruxa, não importa que boas qualidades possa ter.

Freud aborda, em um artigo, a grande freqüência com que os homens têm uma mulher idealizada, a esposa e "mãe de seus filhos", que comanda uma casa-oásis em que ele se sente protegido e acolhido (mulher-útero). Mas tem também uma amante, com quem compartilha da "suja" sexualidade e descarrega prazerosamente sua raiva por ter sido expulso do paraíso (mulher-vagina). Parece-me que o conceito junguiano de Anima boa e má seja, pelo menos, mais elegante.

Juízes — capítulo 16

4 Depois disso tudo, Sansão se apaixonou por Dalila, mulher do vale de Sorec. 5 Os chefes dos filisteus procuraram Dalila e lhe propuseram: "Seduza Sansão e descubra onde está a grande força dele e de que modo o poderemos dominar, amarrar e prender. E cada um de nós dará mil e cem moedas de prata para você." 6 Dalila disse a Sansão: "Vamos, me conte o segredo de sua grande força e como é que você deveria ser amarrado para ficar dominado." 7 Sansão lhe disse: "Se me amarrarem com sete cordas de arco novas, que ainda não foram postas para secar, eu perderei a minha força e ficarei como qualquer outro homem." 8 Os chefes dos filisteus levaram a Dalila sete cordas de arco novas que ainda não tinham sido postas para secar, e Dalila usou as cordas para amarrar Sansão. 9 Ela havia escondido no quarto alguns homens. Depois gritou: "Sansão, os filisteus vão pegar você!" Mas Sansão arrebentou as cordas como se fossem um cordão de estopa meio queimado. E ninguém ficou sabendo o segredo de sua força. 10 Dalila se queixou com Sansão: "Você caçoou de mim e mentiu. Vamos, me diga como seria possível dominar você." 11 Sansão respondeu: "Se me amarrarem com cordas novas, que ainda não tenham sido usadas, eu perderei a minha força e ficarei como qualquer outro homem." 12 Então Dalila pegou cordas novas, amarrou Sansão e gritou: "Sansão, os filisteus vão pegar você!" Ela havia escondido no quarto alguns homens, mas Sansão arrebentou como se fosse uma linha as cordas que lhe amarravam os braços.

Três vezes Dalila tentou descobrir o segredo da força de Sansão, para entregá-lo aos filisteus, e três vezes ele lhe mentiu. Em todas elas Sansão viu a intenção de Dalila — entregá-lo aos filisteus. Por que Sansão revelou seu segredo? Não sendo ele estúpido, ele sabia dos perigos que corria. Entretanto o homem apaixonado é cego, é presa fácil dos desejos de sua amada. Uma mulher que carrega uma projeção da Anima de um homem tem poder sobre ele. Ela é, para ele, uma deusa, e deusas são perfeitas, não podem mentir, não podem enganar, mesmo que já o tenham feito antes. É como se Sansão houvesse apagado os três episódios de traição anteriores.

Juízes — capítulo 16

13 Dalila se queixou de novo: "Até agora você só caçoou de mim e me disse mentiras. Vamos, me diga como você pode ser dominado." Sansão respondeu: "Se você tecer as sete tranças do meu cabelo com a urdidura de um tear, e as fixar com um pino, perderei a minha força e ficarei como qualquer outro homem." 14 Dalila fez Sansão dormir, teceu as sete tranças de seu cabelo com a urdidura, prendeu-as com um pino e gritou: "Sansão, os filisteus vão pegar você!" Sansão acordou e arrancou o pino do tear junto com a urdidura. 15 Então Dalila lhe disse: "Como você pode dizer que me ama se não confia em mim? Você já me enganou três vezes e não me contou o segredo de sua grande força." 16 Como Dalila o importunasse e insistisse todos os dias com suas queixas, Sansão caiu num desespero mortal, 17 e lhe contou todo o segredo: "A navalha nunca passou sobre a minha cabeça, pois eu sou consagrado a Deus desde o seio de minha mãe. Se cortarem meu cabelo, eu perderei a minha força. Ficarei fraco e seria como qualquer outro homem." 18 Dalila sentiu que Sansão tinha contado todo o segredo, e mandou chamar os chefes dos filisteus, dizendo: "Venham, porque Sansão me contou todo o segredo." Os chefes dos filisteus foram logo, levando o dinheiro. 19 Dalila fez Sansão dormir no seu colo, chamou um homem, e este cortou as sete tranças do cabelo de Sansão. Sansão começou a ficar fraco e sua força desapareceu. 20 Então Dalila gritou: "Sansão, os filisteus vão pegar você!" Ele acordou e pensou: "Vou me safar como das outras vezes." Mas ele não percebeu que Javé o tinha abandonado. 21 Os filisteus o agarraram, lhe furaram os

olhos e o levaram para Gaza. Aí o prenderam com duas correntes de bronze, e Sansão ficou na prisão girando a pedra do moinho.

Onde Sansão falhou? Ele foi traído uma vez pelo seu lado feminino. Não aprendeu. Foi traído uma segunda vez. Faltou-lhe a capacidade de honrar sua Anima, de se relacionar com seu lado feminino. E o feminino desprezado se volta com raiva contra quem o desprezou. A Anima se volta contra o Ego, que se recusa a honrar o lado feminino da psique.

Sansão era um herói da força. Sua força descomunal lhe permitia dominar os homens. Por ocasião de seu primeiro casamento, Sansão havia proposto uma adivinhação aos convidados: "Do que come saiu comida, e do forte saiu doçura." Sansão havia matado um leão, e em sua carcaça se formara uma colméia de abelhas, de onde ele tirara o mel. Paradoxalmente, Sansão não soube viver o enigma que propôs aos convidados do seu primeiro casamento. A força — o leão — devia se transformar em doçura — o mel. O relacionamento do forte — Sansão — com o doce — a mulher — deveria ser equilibrado. Sansão só tinha espaço para a força.

Capturado pelos filisteus, eles o cegaram. Quando o homem vive centrado no poder — na força —, ele fica cego, como Sansão. Freud propõe que "cegar" é um símbolo para "castrar". De fato, depois de cego, Sansão é também preso, e suas aventuras desastradas com o feminino acabam.

É necessário um equilíbrio entre a força e o elemento feminino, representado pelo mel. A jornada de individuação do homem passa pelo reconhecimento de sua Anima. A história de Sansão não acaba nisso. Cego, na prisão, talvez Sansão tenha aprendido com seus erros do passado. Continuemos sua história.

Juízes — capítulo 16

22 Entretanto, o cabelo que tinha sido cortado começou a crescer de novo. 23 Os chefes dos filisteus se reuniram para oferecer um grande sacrifício ao deus Dagon e para festejar. Diziam: "Nosso deus nos entregou o nosso inimigo Sansão!" 24 Ao ver Sansão, o povo começou a louvar seu deus e a dizer: "Nosso deus nos entregou o nosso inimigo Sansão, aquele que devastou nossas terras e multiplicou nossos mortos." 25 Quando já estavam bem alegres, disseram: "Mandem vir Sansão para nos divertir." Mandaram Sansão vir da prisão, para que dançasse diante deles. Quando o colocaram entre duas colunas, 26 Sansão disse ao moço que o levava pela mão: "Deixe-me num lugar onde eu possa tocar as colunas que sustentam o templo, para que eu possa me apoiar nelas." 27 O templo estava cheio de homens e mulheres, e aí se encontravam também todos os chefes dos filisteus. Havia gente até no terraço, ao todo cerca de três mil homens e mulheres, que assistiam a Sansão dançar. 28 Sansão invocou a Javé: "Por favor, Senhor Javé, lembra-te de mim. Dá-me forças mais uma vez, para que eu me vingue dos filisteus com um só golpe por causa dos meus olhos." 29 Sansão tocou as duas colunas centrais que sustentavam o templo, apoiou-se numa com a direita e noutra com a esquerda, 30 e gritou: "Que eu morra junto com os filisteus." Empurrou as colunas com toda a força, e o templo desabou sobre os chefes e todo o povo que aí se encontrava. Desse modo, ao morrer, Sansão matou muito mais gente do que tinha matado durante toda a sua vida. 31 Seus parentes e toda a sua família foram e o levaram embora, enterrando-o entre Saraá e Estaol, no túmulo do seu pai Manué.

Uma etapa importante na jornada de individuação do homem é dar espaço em seu lado consciente para elementos que, na cultura ocidental, são características do feminino e representados pela Anima. Do mesmo modo, no processo de individuação da mulher, deve ser dado espaço para características masculinas, representadas pelo Animus. O homem não é exclusivamente masculino, da mesma forma que a mulher não é exclusivamente feminina. Dentro da psique do ser humano existem características dos dois sexos. O ser humano, buscando ser mais consciente, deve dar espaço, na parte consciente de sua mente, a essas características. Se elas forem mantidas no inconsciente, o ser humano não estará se aproximando do ser completo, não estará seguindo sua jornada de individuação. Ao lado da força há que dar espaço à doçura.

O amor romântico, o estado de paixão que é caracterizado pela projeção de Anima — ou de Animus, no caso da mulher —, não pode durar por muito tempo. Por quanto tempo uma pessoa pode achar que outra, com quem convive regularmente, é uma deusa? No mundo moderno, especialmente no Ocidente, os casamentos geralmente acontecem quando os dois projetam no parceiro sua Anima e seu Animus. Quando a convivência demonstra que o parceiro não é um deus, não é perfeito, ou o relacionamento pode se transformar em um amor maduro, em que ambos reconhecem as virtudes e os defeitos do parceiro, ou é rompido, freqüentemente de maneira dolorosa, com a projeção do Animus ou da Anima se transformando de positiva em negativa. A deusa se transforma em bruxa, o príncipe se transforma em sapo. Nesse caso, o parceiro deixa de ser visto como um deus e passa a encarnar o demônio.

Quando os psicólogos examinam o problema do amor romântico, eles distinguem três pontos importantes. O primeiro é que aquilo que não sabemos sobre nós mesmos, ou que não queremos saber, tende a ser projetado. Segundo, que em tais projeções desempenham papel privilegiado nossas agendas de criança e nossos desejos infantis, o que traz consigo a tendência a jogar o ônus e a responsabilidade do nosso crescimento sobre os ombros do outro. O terceiro desses pontos consiste em que, como o outro não pode e não deve carregar esse fardo, as projeções geram inevitáveis desapontamentos e as relações se desgastam, derivando quase sempre para uma luta de poder.

Um relacionamento só pode prosperar quando passamos pela experiência de recolher nossas projeções, de reconhecer que elas atribuíam ao outro características que somente deuses poderiam ter. Se o casal tem a sabedoria de reconhecer isso a tempo, o amor romântico pode se transformar em amor maduro, amor de verdade, em que você ama e admira a outra pessoa pelo que ela é, e não pelo que você acha que ela é em virtude das projeções.

Antes mesmo dos psicólogos, os poetas já sabiam que o amor romântico é efêmero, se caminha junto com um relacionamento próximo. Dante teve sua Anima projetada em Beatriz, a quem apenas viu duas vezes, e com quem nunca trocou palavra. Ela foi a musa inspiradora de sua obra principal — *A divina comédia* — em que faz o papel de guia de Dante pelas regiões celestiais.

Talvez o mais conhecido casal romântico da literatura universal seja Romeu e Julieta. Shakespeare, esse poeta incomparável, sabia que, sendo o amor romântico uma chama, sua peça não poderia acabar com um "viveram felizes para sempre". Para que o amor fosse imortal, para que a chama não se apagasse, os amantes tinham que morrer. Só a morte podia tornar eterno o amor de Romeu e Julieta.

Nosso poeta maior — Vinicius de Moraes — também tinha consciência de como o amor romântico é efêmero, embora se deseje eterno. Na última estrofe do seu "Soneto de fidelidade" ele escreve:

> Eu possa me dizer do amor (que tive):
> Que não seja imortal, posto que é chama
> Mas que seja infinito enquanto dure.

CAPÍTULO 15

Davi: o favorito de Javé

Davi é ainda criança quando aparece na Bíblia. Ele é o mais novo dos oito filhos de Jessé, de Belém. O simbolismo do número oito, múltiplo de quatro, merece atenção. Quatro é o número da totalidade. A Terra tem quatro direções cardeais, no Jardim do Éden correm quatro rios, as mandalas têm quatro, ou múltiplos de quatro, lados. Esse simbolismo aponta para Davi como o portador da totalidade.

Jung postula que a psique humana tem quatro funções, divididas em dois pares opostos: pensamento *vs.* sentimento e intuição *vs.* sensação. Destas quatro, uma é a principal e uma, é inferior, essa reprimida no inconsciente. A maioria dos homens ocidentais tem o pensamento como função principal. Já a mulher apresenta uma tendência a ter o sentimento como função principal. Como o papel da mulher na sociedade está mudando, com o fato de elas estarem lutando de igual para igual com os homens no mercado de trabalho, essa tendência vem declinando. Porém, ainda podemos dizer que o sentimento é a função prevalecente entre as mulheres. O sentimento, a função oposta ao pensamento, se aloja no inconsciente do homem. "Homem não chora" é um refrão que alguns se acostumaram a ouvir na infância.

A jornada de individuação busca o crescimento do ser humano. Porém crescimento não deve ser entendido como a busca da perfeição, mas como a busca da completude, o que é bem diferente. Quanto mais completo for o ser humano, mais avançado estará em sua jornada. Um dos objetivos do processo de individuação é o resgate da função inferior. No caso do homem com o pensamento como função principal, o sentimento, seu oposto, precisa ser resgatado. Para se aproximar da completude, o homem, que tem o pensamento como função principal, deve desenvolver seu sentimento. A mulher, se tem o sentimento como função principal, deve buscar desenvolver o pensamento.

O aparecimento de Davi na Bíblia ocorre quando Samuel, havendo rejeitado Saul, recebe instruções de Javé:

1 Samuel — capítulo 16

1 Javé disse a Samuel: "Até quando você vai ficar lamentando Saul? Fui eu mesmo que o rejeitei como rei de Israel. Encha a vasilha de óleo. Ordeno que você vá ter com a família de Jessé, o belemita, porque eu escolhi um rei entre os filhos dele." 2 Samuel replicou: "Como posso ir? Saul me matará, se ficar sabendo!" Javé, porém, disse: "Leve um bezerro, e diga que foi fazer um sacrifício para Javé. 3 Convide Jessé para o sacrifício e eu mostrarei o que você deverá fazer; você ungirá para mim aquele que eu apontar."

Obedecendo a Javé, Samuel vai procurar Jessé e, depois de passar em revista cada um dos sete filhos mais velhos de Jessé, não tendo Javé se pronunciado por nenhum deles, Samuel manda chamar Davi, o oitavo filho.

1 Samuel — capítulo 16
12 Jessé mandou chamá-lo e o fez entrar: era ruivo, seus olhos eram belos, e tinha boa aparência. E Javé disse: "Levante-se e unja o rapaz, porque é esse." 13 Samuel pegou a vasilha de óleo e ungiu o rapaz na presença dos irmãos. Desse dia em diante, o espírito de Javé permaneceu sobre Davi. Depois Samuel voltou para Ramá.

Esse episódio é o chamado de Davi para sua jornada de herói, de individuação. Como vimos, a jornada de individuação começa com um chamado. Abraão, Jacó, Moisés, todos os patriarcas da Bíblia foram chamados, cada um de forma diferente.

Davi recebeu a unção de Samuel, mas não ficou claro na narrativa se ele sabia que aquela unção tinha por objetivo sagrá-lo rei. O fato é que, pelas suas habilidades na harpa, ele foi convocado ao palácio para, com sua música, amenizar as terríveis dores de cabeça de Saul. Nesse ponto, seu mito se assemelha ao de Orfeu, personagem da mitologia grega que, com a lira, mostrava mais habilidades que Apolo e, instruído pelas Musas, era capaz de produzir música divina, que encantava os animais selvagens e fazia as árvores e mesmo as rochas se moverem, seguindo sua música. A música é uma forma de comunicação com o inconsciente, e os gregos davam grande importância a seu estudo, fazendo dela e da matemática os dois pilares de sua educação.

O segundo episódio particularmente significativo na vida de Davi é a luta contra Golias. Os hebreus encontravam-se novamente em guerra contra os filisteus, e uma grande batalha estava para acontecer. Um campeão filisteu avança de suas linhas e lança um desafio aos israelitas. Golias era tão formidável que os guerreiros de Saul se intimidaram. Davi, que visitava o acampamento, se propôs enfrentá-lo.

> **Samuel 1 — capítulo 17**
> 32 Davi disse a Saul: "Ninguém deve ficar desanimado. Este seu servo irá lutar com o tal filisteu!" 33 Saul respondeu a Davi: "Você não pode lutar com o filisteu! Você é apenas um rapaz! Ele é guerreiro desde a juventude!" 34 Davi replicou: "Seu servo é pastor das ovelhas de meu pai. Se chega um leão ou urso e agarra uma ovelha do rebanho, 35 eu vou atrás, o ataco e arranco a ovelha de sua goela; se ele me ataca, eu o agarro pela juba e o mato a pauladas. 36 Seu servo é capaz de matar leões e ursos. Pois bem: esse filisteu incircunciso, que desafiou o exército do Deus vivo, será como um deles." 37 E Davi acrescentou: "Javé me livrou das garras do leão e do urso. Ele me livrará também das mãos desse filisteu." Então Saul lhe disse: "Vá. E que Javé esteja com você!"

Essa história, talvez uma das mais conhecidas do Velho Testamento, acaba com a vitória de Davi, que acerta, com sua funda, certeira pedrada na cabeça de Golias. Os filisteus, apavorados com a morte de seu mais formidável lutador, puseram-se em fuga, e os hebreus os perseguiram, massacrando grande número deles.

Davi tinha ancestrais moabitas através de sua avó Rute. O gigante Golias poderia simbolizar um grande complexo, um complexo materno, que Davi carrega, pois pessoas com raças misturadas têm maior probabilidade de desenvolverem complexos relacionados a isso. Não podemos afirmar que esse seja o caso de Davi, mas, se for, sua coragem de enfrentá-lo teria sido um passo importante na sua jornada de individuação.

A partir desse episódio, Saul designou Davi para uma posição de comando em seu exército. E Davi continuou a obter grandes vitórias. Porém seus êxitos constantes começaram a atrair o ciúme de Saul, temeroso que estava pelas ameaças de Samuel. Saul, ao mesmo tempo que se sente diminuído, acreditando ter perdido a bênção de Javé, constata o potencial de Davi para ser seu sucessor e, temendo que isso de fato ocorra, tenta matá-lo. O futuro é sempre uma ameaça para quem quer manter o *status quo*.

Os seguidos sucessos e a popularidade que Davi ganhava com o povo em nada ajudavam sua posição na corte de Saul. Este o temia cada vez mais.

1 Samuel — capítulo 18

5 Nas expedições, em qualquer parte por onde Saul mandava Davi, este se saía bem. Então Saul o estabeleceu como chefe dos homens de guerra. Ele era estimado por toda a tropa e também pelos ministros de Saul. 6 Quando chegaram, depois que Davi matou o filisteu, as mulheres de todas as cidades de Israel saíam cantando e dançando ao encontro do rei Saul, ao som de tamborins, marimbás e gritos de alegria. 7 As mulheres dançavam e cantavam em coro: "Saul matou mil, mas Davi matou dez mil." 8 Saul ficou muito irritado, pois não gostou nada dessa afirmação. E disse: "Deram dez mil para Davi, e mil para mim. Que mais lhe falta, senão a realeza?" 9 E desse dia em diante, Saul olhava Davi com inveja. 10 No dia seguinte, um espírito mau provindo de Deus tomou conta de Saul, que começou a delirar dentro de casa. Como de costume, Davi estava tocando harpa e Saul tinha a lança na mão. 11 Saul atirou a lança, dizendo: "Vou cravar Davi na parede." Davi, porém, conseguiu escapar duas vezes. 12 Saul tinha medo de Davi, porque Javé tinha abandonado Saul e agora estava com Davi. 13 Por isso, Saul afastou Davi, nomeando-o chefe de uma ala do exército. E Davi comandava expedições da tropa. 14 Em todas as campanhas, Davi se saía muito bem, e Javé estava com ele. 15 Saul via que Davi era sempre bem-sucedido, e entrou em pânico. 16 Mas todos em Israel e Judá gostavam de Davi, porque era ele quem os guiava em suas expedições.

Sentindo-se ameaçado por Davi, Saul, que havia prometido a Davi a mão de sua filha mais velha como prêmio pela vitória sobre Golias, não cumpriu sua promessa. Nesse ínterim, porém, sua filha mais nova, Micol, se enamorou de Davi, e Saul resolveu entregá-la em casamento, enquanto planejava uma armadilha para destruí-lo. Davi foi salvo por Micol. Essa não será a única ocasião em que Davi é salvo pelo elemento feminino, representando sua Anima.

Davi, ao contrário de Sansão, se relacionava muito bem com o feminino. Em uma sociedade fortemente patriarcal, Davi tinha características que não eram compatíveis com o perfil do macho da época, e sua habilidade musical e capacidade poética, registradas nos vários Salmos que lhe são atribuídos, são prova disso. E essa capacidade de diálogo com sua Anima irá salvá-lo em diversas ocasiões.

1 Samuel — capítulo 19

11 Saul mandou emissários para vigiar a casa de Davi e matá-lo de manhã. Então Micol, mulher de Davi, o avisou: "Se você não fugir esta noite, amanhã será homem morto." 12 E Micol o fez descer pela janela, e Davi se salvou fugindo. 13 Depois Micol pegou o ídolo, deitou-o na cama, colocou na cabeça dele uma pele de cabra e estendeu sobre ele um manto. 14 Quando chegaram os emissários de Saul para levar Davi, Micol disse: "Ele está doente." 15 Mas Saul mandou outra vez os emissários para que vissem Davi; e ordenou: "Tragam Davi com cama e tudo, pois eu quero matá-lo." 16 Os emissários entraram na casa e encontraram o ídolo na cama, com a pele de cabra na cabeceira. 17 Então Saul disse a Micol: "Por que você me enganou? Você deixou meu inimigo escapar." Micol respondeu: "Ele me ameaçou, e disse que me mataria se não o deixasse partir."

Depois de fugir da corte de Saul, sem armas e sem comida, Davi estava confuso, indefeso, não sabendo como proceder. Dirigiu-se então a um santuário para falar com o sacerdote Aquimelec. Procura inspiração com Deus. Isso pode ser interpretado como uma busca de conselhos com o *Self*. Nessa hora de desespero, era o melhor que poderia fazer.

1 Samuel — capítulo 21

2 Davi chegou a Nob e foi encontrar-se com o sacerdote Aquimelec. Este foi ansiosamente ao encontro de Davi e lhe perguntou: "Por que você veio sozinho, sem ninguém?" 3 Davi respondeu: "O rei me encarregou de um assunto e me disse que ninguém deveria saber nada de suas ordens e do assunto que me confiou. Marquei encontro com os meus homens em certo lugar." (...)

8 Nesse dia, estava aí, preso no santuário, um dos empregados de Saul. Ele se chamava Doeg, o edomita, e era o chefe dos pastores de Saul. 9 Davi disse a Aquimelec: "Você não tem à mão alguma lança ou espada? Eu não peguei nem a minha espada, nem as minhas armas, porque a ordem do rei era urgente." 10 O sacerdote respondeu: "Está ali embrulhada num manto, atrás do efod, a espada de Golias, o filisteu que você matou no vale do Terebinto. Se você quiser, leve-a. Por aqui não há outra." Davi disse: "Não há nada melhor. Dê-me essa espada."

Davi se dirigiu ao seu centro, buscou diálogo com seu *Self* na figura de Aquimelec, mas não foi sincero. Não lhe contou a verdade, não confiou integralmente em seu centro. Estava ainda no início de sua jornada de individuação, e não se poderia esperar dele uma sabedoria que só se adquire quando em estágio mais avançado da jornada.

Depois que fugiu de Saul, Davi inicia uma vida conturbada. Relaciona-se com salteadores, faz chantagem com conterrâneos, se refugia com os filisteus. O modo como Davi se relacionou com Aquimelec nos mostra que ele, naquele estágio de sua jornada de individuação, era uma pessoa egocêntrica. Em momento algum ele se preocupa com o fato de estar pondo em risco a vida do sacerdote. Davi viu Doeg, chefe dos pastores de Saul, e sabia que ele poderia denunciá-lo, mas nada faz. Não toma qualquer atitude para proteger Aquimelec, o que irá resultar no assassinato do sacerdote por ordem de Saul. Davi não está preocupado com isso: o importante era sua segurança, não a de Aquimelec. Davi é o centro, e o Sol gira em seu redor, o que é característico de pessoas egocêntricas. Ele pouco se importa com o que possa acontecer com os outros.

Quando progride em sua jornada de individuação, a atitude de Davi muda, ainda que com recaídas freqüentes. Depõe a seu favor que, nas duas vezes em que teve a vida de Saul em suas mãos e poderia matá-lo, livrando-se da perseguição e, provavelmente, assumindo o trono, ele teve suficiente consciência para agir corretamente.

É comum, quando se está na primeira metade da vida, cuidar de reforçar o Ego, mesmo à custa de outrem. É o que acontecia com Davi. É o que acontece no mundo empresarial, em que muitos tentam subir as escadas do poder sem se preocupar com aqueles em quem pisam. Davi agiu com frieza, enganou Aquimelec, pouco se importando com as conseqüências disso.

Davi está acuado, com uma sentença de morte dada por Saul. Nas suas fugas pela região, Davi chega a Gat, cidade dos filisteus, em busca de asilo.

Samuel 1 — capítulo 21

11 Nesse dia, Davi fugiu para longe de Saul e foi encontrar-se com Aquis, rei de Gat. 12 Mas os servos de Aquis disseram: "Este não é Davi, o rei do país? Não era para ele que dançavam cantando: 'Saul matou mil, mas Davi matou dez mil?'" 13 Davi ouviu o comentário e ficou com medo de Aquis, rei de Gat. 14 Então Davi se fez de bobo diante deles e começou

a fingir que estava louco: começou a tamborilar nos batentes da porta e deixava a baba escorrer pela barba. 15 Aquis disse aos que o serviam: "Esse homem está louco! Por que vocês o trouxeram aqui? 16 Já não tenho loucos de sobra, para vocês me trazerem mais um e me aborrecerem com suas doidices? O que é que ele veio fazer no meu palácio?"

A fuga de Davi, tentando se unir aos filisteus, é um momento de crise, pois ele corre o risco de novamente se identificar com sua Sombra. Existe uma distinção importante entre identificação e conscientização. Uma coisa é se conscientizar da Sombra, outra, completamente diferente, é se identificar com ela. Quando você se conscientiza da Sombra, seu Ego pode julgar suas ações. Você possui o livre-arbítrio para decidir sobre suas ações. O Ego está no comando. Quando você se identifica com a Sombra, seus atos são inconscientes, impulsionados por ela. Seu Ego perde o controle, você não tem escolha sobre seus atos, age sob o domínio do inconsciente, não tem livre-arbítrio.

Para salvar sua vida, Davi finge estar louco. É um risco. Esse episódio, em que Davi é obrigado a fingir-se de louco para se salvar, poderia resultar na psicotização do Ego, se realizado sem a perfeita consciência do que está sendo feito, se escapar do controle do Ego, e levar a uma psicose.

Não conseguindo seu intento de obter abrigo em Gat, Davi se refugiou nas cavernas de Odolam:

1 Samuel — capítulo 22

1 Davi saiu daí e se escondeu na caverna de Odolam. Quando seus parentes e toda a sua família ficaram sabendo, foram encontrar-se com ele. 2 Todos os que estavam em dificuldades, todos os endividados e todos os descontentes se reuniram ao seu redor, e Davi se tornou chefe deles. Formou-se assim um grupo de quatrocentos ho-

mens. 3 Davi partiu daí e foi para Masfa de Moab. Ele disse ao rei de Moab: "Permita que meu pai e minha mãe fiquem aqui com vocês até que eu saiba o que Deus quer de mim." 4 Davi os deixou com o rei de Moab, e eles ficaram com o rei durante todo o tempo em que Davi esteve escondido.

A capacidade de Davi de unir em torno de si os rejeitados e desprezados pela sociedade representa, simbolicamente, sua capacidade para reconhecer, e se conscientizar, de elementos desprezados pelo Ego, sua capacidade de interação e reconhecimento da Sombra. Por outro lado, isso também pode se converter em problema, caso o Ego se identifique com esse lado escuro, pois existe uma grande diferença entre tomar conhecimento da Sombra — aceitar conscientemente sua existência e poder evitar atos dirigidos por ela — e se identificar com ela, ser dominado por ela.

1 Samuel — capítulo 22
21 Abiatar contou a Davi que Saul tinha assassinado os sacerdotes de Javé. 22 E Davi lhe disse: "Naquele dia, eu percebi que Doeg, o edomita, estava presente e avisaria Saul. O responsável pela morte dos seus familiares sou eu. 23 Fique comigo e não tenha medo; quem quiser matar-me, também quererá matar você. Comigo, você estará a salvo."

Chama atenção a honestidade psicológica de Davi. Com todos seus erros e tropeções, e ele terá muitos em sua longa vida, devemos ressaltar esse ponto. Davi não busca passar sua culpa para terceiros; ele a assume: "O responsável pela morte de seus familiares sou eu." Davi não era uma grande pessoa por ser bom, o que ele não era, mas por ser honesto. Se não formos capazes de reconhecer nossas falhas, como podemos consertá-las e nos tornarmos pessoas melhores?

Quando Davi reconheceu sua falta, fez o que Saul e Samuel nunca tinham sido capazes de fazer. Por esse motivo eles ficaram presos em suas velhas atitudes, sem esperança de evolução, sem condições de evoluir.

A jornada de individuação de Davi ainda estava ao meio, mas ele já mostra características que o qualificavam. Mesmo perseguido por Saul, mesmo jurado de morte, Davi ainda respeita Saul.

1 Samuel — capítulo 24

1 Davi saiu daí e foi abrigar-se nos esconderijos de Engadi. 2 Quando Saul voltou da perseguição aos filisteus, foi avisado: "Davi está no deserto de Engadi." 3 Saul pegou três mil homens escolhidos de todo Israel e foi à procura de Davi e seus homens, junto às Rochas das Cabras. 4 Chegou junto a uns currais de ovelhas que estavam perto do caminho. Aí havia uma caverna, e Saul entrou nela para fazer suas necessidades. Davi e seus homens estavam no fundo da caverna. 5 E os companheiros de Davi lhe disseram: "Hoje é o dia em que Javé diz a você: Eu lhe entrego seu inimigo; faça com ele o que você quiser." Davi levantou-se e cortou um pedaço da barra do manto de Saul, sem que este percebesse. 6 Depois de fazer isso, Davi sentiu o coração bater forte por ter cortado um pedaço da barra do manto de Saul. 7 Depois disse a seus homens: "Javé me livrou de fazer isso ao meu senhor, de levantar a mão contra ele, porque é o ungido de Javé." 8 Com essas palavras, Davi conteve seus homens e impediu que atacassem Saul. Então Saul deixou a gruta e continuou o seu caminho. 9 Foi quando Davi se levantou, saiu da gruta e gritou: "Senhor, meu rei!" Saul virou-se, e Davi se inclinou até o chão e se prostrou. 10 Depois disse a Saul: "Por que você dá ouvidos a esses que andam dizendo que Davi lhe quer fazer mal? 11 Veja com seus próprios olhos: hoje mesmo Javé me entregou você dentro da caverna. Disseram-me para matá-lo, mas eu o respeitei e falei que não estenderia a mão contra o meu senhor,

porque você é o ungido de Javé. 12 Meu pai, olhe aqui em minha mão um pedaço do seu manto; se eu lhe cortei a barra do manto e não o matei, reconheça que não sou maldoso nem traidor. Embora você me persiga para me matar, eu não pequei contra você. (...)

17 Quando Davi terminou de falar, Saul exclamou: "É você mesmo que está falando, meu filho Davi?" E começou a gritar e chorar. 18 Depois disse a Davi: "Você é inocente, e eu não. Você me fez o bem, e eu lhe fiz o mal. 19 Hoje você me fez o maior favor, pois Javé me entregou a você, e você não me matou. 20 Se alguém encontra um inimigo, será que vai deixá-lo ir em paz? Que Javé lhe pague o bem que você me fez hoje."

Esse episódio mostra que Davi não foi contaminado por sua ligação com os criminosos. Com sua Sombra integrada, ele não mata Saul. Talvez, se esse encontro tivesse ocorrido antes de Davi integrar sua Sombra, a vida de Saul tivesse terminado naquele encontro. Entretanto a jornada de individuação admite retrocessos, como veremos mais adiante, no episódio da morte de Urias, ordenada por Davi.

Apesar das juras de Saul, Davi não se sente seguro e não volta com ele para a corte. Desceu para o deserto de Farã e continuou sua vida de renegado e fugitivo. O próximo episódio mostra até que ponto Davi chegou em sua vida criminosa. Tenta extorquir Nabal e somente não o mata graças à interferência de Abigail, esposa de Nabal. Mais uma vez o feminino — a Anima —, com que Davi tem saudável relação, o salva de um ato que representaria uma regressão em sua jornada.

1 Samuel — capítulo 25

2 Em Maon havia um homem que tinha propriedades em Carmel; era homem muito importante e possuía três mil ovelhas e mil cabras. Nessa ocasião, ele estava em Carmel, tosquiando suas ovelhas. 3 Ele se chamava

Nabal, e sua mulher, Abigail. Ela era mulher sensata e muito bonita, mas o marido era intratável e prepotente; era um calebita. 4 No deserto, Davi soube que Nabal estava tosquiando as ovelhas. 5 Mandou então dez moços, dizendo-lhes: "Subam até Carmel, apresentem-se a Nabal e o saúdem em meu nome 6 deste modo: 'Saudações. A paz esteja com você, com a sua família e com tudo o que você possui. 7 Eu soube que você está fazendo a tosquia do seu rebanho. Pois bem. Pastores seus estiveram entre nós; e nós não os incomodamos, nem lhes foi tirado nada enquanto estiveram em Carmel. 8 Pergunte a seus rapazes, e eles confirmarão o que estou dizendo. Atenda bem estes moços, porque é um dia de festa para nós. Por favor, dê para estes seus servos e para Davi o que você tem à mão.'" 9 Os moços foram e disseram a Nabal tudo o que Davi tinha mandado; e ficaram esperando. 10 Nabal respondeu aos moços: "Quem é Davi e quem é o filho de Jessé? Hoje em dia existem muitos servos que fogem do seu patrão. 11 Será que eu vou pegar o pão, a água e as ovelhas, que abati para os meus tosquiadores, e dar a homens que nem sei de onde vêm?" 12 Então os moços de Davi se afastaram e foram embora. Voltaram para junto de Davi e lhe contaram tudo o que lhes fora dito por Nabal. 13 Davi disse a seus homens: "Cada um pegue a sua espada." Cada um pegou a sua e Davi também. Cerca de quatrocentos homens subiram com Davi, enquanto duzentos ficaram com as bagagens. 14 Um dos rapazes informou Abigail, mulher de Nabal: "Davi enviou mensageiros do deserto para cumprimentar o nosso patrão, e ele os expulsou. (...)

18 Imediatamente, Abigail pegou duzentos pães, duas vasilhas com vinho, cinco ovelhas preparadas, cinco medidas de trigo tostado, cem cachos de uvas-passas, duzentos doces de figo, e carregou tudo sobre os jumentos. 19 Depois disse aos seus moços: "Vão na frente, que eu irei em seguida." Ela, porém, não avisou o seu marido Nabal. (...)

23 Quando Abigail viu Davi, apeou depressa do jumento, e prostrou-se diante dele com o rosto por terra. 24 Lançando-se aos pés de Davi, ela disse: "Meu senhor, a culpa é minha. Deixe que sua serva lhe fale. Escute as palavras da sua serva. 25 Que meu senhor não dê atenção

a esse homem grosseiro que é Nabal, pois o seu nome significa grosseiro, e a grosseria está mesmo com ele. Eu, sua serva, não cheguei a ver os moços que meu senhor havia mandado. 26 Agora, meu senhor, pela vida de Javé e pela sua, é Javé que o impede de derramar sangue e de fazer justiça por suas próprias mãos. Que sejam como Nabal os inimigos e aqueles que procuram fazer o mal ao meu senhor. 27 Esta homenagem que sua serva lhe trouxe seja dada aos moços que o acompanham. 28 Eu lhe peço: perdoe a falta de sua serva, e Javé não deixará de lhe dar uma família estável, porque o meu senhor combate as guerras de Javé, e nada de mal lhe acontecerá em toda a sua vida." (...)

32 Então Davi respondeu a Abigail: "Seja bendito Javé Deus de Israel, que hoje enviou você ao meu encontro. 33 Bendita seja a sua sabedoria! Bendita seja você que hoje me impediu de derramar sangue e de fazer justiça com minhas próprias mãos!"

O tempo que Davi passou como um fora-da-lei representa um grande perigo psicológico; sua identificação com a Sombra e o risco de Davi cair definitivamente na criminalidade. No episódio da extorsão a Nabal, Davi quase cai nessa armadilha, e é salvo por Abigail, esposa de Nabal, nesse episódio simbolizando a Anima de Davi. O nome Nabal significa bobo ou bruto. Nele, Davi encontra sua Sombra bruta, primitiva.

Como veremos em seguida, Saul, a despeito de suas promessas, continua a perseguir Davi. Porém, apesar da constante perseguição, Davi tem outra oportunidade de se livrar de seu algoz, e outra vez poupa-lhe a vida.

1 Samuel — capítulo 26

1 Os habitantes de Zif foram a Gabaá e contaram a Saul: "Davi está escondido na colina de Áquila, no lado que dá para o deserto." 2 Então

Saul empreendeu a marcha para o deserto de Zif, com três mil soldados israelitas, a fim de dar uma batida e encontrar Davi. (...)

7 Então Davi e Abisaí foram de noite ao acampamento. Saul estava deitado e dormindo, com a lança fincada no chão, ao lado da cabeceira; Abner e a tropa dormiam ao redor. 8 Então Abisaí disse a Davi: "Hoje Deus está entregando o inimigo em sua mão. Deixe que eu o encrave no chão com um só golpe de lança; não será preciso mais que um golpe." 9 Mas Davi respondeu: "Não o mate! Ninguém pode levantar a mão contra o ungido de Javé e ficar sem castigo!" (...)

12 Davi pegou a lança e o cantil de água que estavam na cabeceira de Saul, e os dois foram embora. Ninguém viu nem percebeu nada, nem acordou: todos dormiam, porque caíra sobre eles um pesado sono enviado por Javé. 13 Davi atravessou para o outro lado, subiu no alto de um monte, ao longe. Havia boa distância entre eles. (...)

17 Então Saul reconheceu a voz de Davi e perguntou: "É a sua voz, meu filho Davi?" E Davi respondeu: "É a minha voz, meu senhor e meu rei." 18 E continuou: "Por que o senhor está perseguindo este seu servo? Que fiz eu? Que culpa tenho?" (...)

21 Saul respondeu: "Pequei. Volte, meu filho Davi! De agora em diante, não vou mais fazer-lhe mal, pois hoje você respeitou a minha vida. Tenho agido como idiota e cometi muitos erros." 22 Davi então disse: "Aqui está a lança do rei. Que um dos moços venha buscá-la. 23 Javé pagará conforme a sua justiça e de acordo com a fidelidade de cada um; Javé entregou você hoje em minhas mãos, e eu não quis atentar contra o ungido de Javé. 24 Assim como hoje eu respeitei a sua vida, que Javé também respeite a minha e me livre de todo perigo." 25 Então Saul disse a Davi: "Bendito seja você, meu filho Davi! Certamente você terá sucesso em tudo o que fizer." Davi continuou seu caminho, e Saul voltou para casa.

Saul faz essa declaração movido pelo amor e a lealdade que emana da personalidade de Davi. Quando uma pessoa age de seu centro, como Davi, outras são afetadas. Era uma declaração sincera, mas que não poderia perdurar, porque Saul não havia atingido o desenvolvimento psicológico que permitisse esse progresso. Ainda que naquele exato momento, depois de ver que Davi não se aproveitara das circunstâncias para matá-lo, Saul falasse sinceramente, é preciso mais que uma conversão temporária e boas intenções para combater o mal. Davi, corretamente, não acreditou que a mudança momentânea de Saul fosse prevalecer.

1 Samuel — capítulo 27

1 Davi pensou: "Mais dia menos dia, Saul vai acabar me matando. Não tenho outra saída, a não ser refugiar-me na terra dos filisteus. Saul desistirá de me perseguir por todo Israel, e eu estarei seguro." 2 Davi se pôs a caminho, com seus seiscentos homens, e foi para junto de Aquis, filho de Maoc, rei de Gat.

Novamente Davi se aproxima da Sombra, simbolizada pelo povo inimigo. Porém está agora mais consciente, e em vez de conduzir suas campanhas de saque contra seus irmãos, ele ataca os adversários, ainda que iluda os filisteus. Ao fazer isso, ele está se arriscando a que sua farsa seja descoberta, pondo sua vida em perigo. Davi queria que Aquis acreditasse que ele estava atacando seu próprio povo, como forma de provar sua lealdade ao povo de Gat. O risco que não quis correr para proteger Aquimelec agora Davi o assume, mostrando que seu estágio de desenvolvimento está mais avançado.

1 Samuel — capítulo 28

1 Nesse tempo, os filisteus reuniram suas tropas para atacar Israel. Então Aquis disse a Davi: "Fique sabendo que você e seus homens

irão com meu exército." 2 Davi respondeu: "Muito bem. Você verá do que o seu servo é capaz." Então Aquis disse a Davi: "Eu o nomeio meu guarda pessoal permanente."

Aquis convida Davi para lutar ao lado dos filisteus contra os hebreus. Davi está em um dilema: deve lutar ao lado dos filisteus contra seus concidadãos? É possível conjeturar que, no estágio de desenvolvimento em que ele já se encontrava, Davi teria se voltado contra os filisteus no fragor da batalha. É exatamente isso que os comandantes filisteus temem.

1 Samuel — capítulo 29

1 Os filisteus concentraram suas tropas em Afec e Israel acampou junto à fonte que existe em Jezrael. 2 Os príncipes dos filisteus desfilavam por batalhões e destacamentos. Davi e seus homens iam na retaguarda com Aquis. 3 Os chefes filisteus perguntaram: "O que estão fazendo aqui esses hebreus?" Aquis respondeu: "É Davi, o servo de Saul, rei de Israel. Ele já está comigo faz um ano ou dois, e desde o dia que passou para o meu lado até agora não tenho nada do que reclamar." 4 Os chefes filisteus se opuseram, dizendo: "Mande embora esse homem. Que volte para o lugar que você lhe havia reservado. Que não venha para a guerra conosco, e não se volte contra nós em pleno combate. Veja bem: a melhor forma de ele se reconciliar com seu senhor seria a cabeça de nossos soldados. 5 Será que esse Davi não é o Davi de quem se cantava dançando: 'Saul matou mil, mas Davi matou dez mil?'" 6 Então Aquis mandou chamar Davi e lhe disse: "Pela vida de Javé! Você é leal, e eu não tenho queixa do seu comportamento no exército; não tenho nada a reprovar em você, desde que entrou no meu território até hoje. Mas você não é bem-visto pelos príncipes. 7 Por isso, volte em paz, para não desagradar os príncipes."

Davi é, no último momento, dispensado de guerrear contra seus companheiros israelitas, em razão do temor dos comandantes filisteus. que duvidaram de sua lealdade. Sorte? Não acredito em sorte. O *Self*, quando necessário, prepara armadilhas para o ego, cria difíceis dilemas para forçar decisões e posicionamentos, mas cria também saídas.

> **1 Samuel — capítulo 30**
> 1 No terceiro dia em que Davi e seus homens estavam a caminho para Siceleg, os amalecitas atacaram o Negueb e Siceleg: arrasaram e incendiaram Siceleg, 2 aprisionando as mulheres, crianças e adultos que aí se encontravam; não mataram ninguém, mas foram embora levando-os consigo. 3 Quando Davi e seus homens chegaram, viram a cidade incendiada e souberam que suas mulheres, filhos e filhas tinham sido levados embora. 4 Davi e seu pessoal caíram em lágrimas e choraram até se esgotar suas forças. 5 As duas mulheres de Davi, Aquinoam de Jezrael e Abigail, mulher de Nabal de Carmel, também tinham sido capturadas. 6 Davi ficou muito angustiado, porque se dizia que todos queriam apedrejá-lo, pois o pessoal todo estava amargurado por causa de seus filhos e filhas. Davi, porém, recobrou ânimo em Javé seu Deus. 7 Então Davi disse ao sacerdote Abiatar, filho de Aquimelec: "Traga-me o efod." E Abiatar levou o efod para Davi. 8 E Davi consultou a Javé: "Se eu perseguir esse bando, será que vou alcançá-lo?" Javé respondeu: "Vá atrás deles, porque você os alcançará e libertará os prisioneiros."

Dispensado da batalha, Davi e seu grupo voltam para a cidade onde viviam, onde haviam deixado suas mulheres, e descobre que a cidade havia sido saqueada, e suas mulheres raptadas. Vai buscá-las, vai salvá-las. Vai salvar sua Anima.

CAPÍTULO 16

Davi: o poeta de Javé

> **2 Samuel — capítulo 2**
> 1 Depois disso, Davi consultou a Javé: "Posso ir para alguma cidade de Judá?" Javé respondeu: "Pode." Davi perguntou: "Para qual delas posso ir?" A resposta foi: "Hebron." 2 Davi subiu para lá, junto com suas duas mulheres: Aquinoam de Jezrael e Abigail, mulher de Nabal de Carmel. 3 Levou também todos os seus homens, junto com suas famílias. E se estabeleceram nas aldeias de Hebron. 4 Os homens de Judá foram para lá e ungiram Davi como rei sobre a casa de Judá.

Finalmente, sem ter cometido qualquer ato extremo contra Saul, Davi é sagrado rei de Judá. Os hebreus estavam, então, divididos em dois reinos: Judá e Israel. Davi ainda teria que esperar mais alguns anos para unificar os dois reinos.

Davi, ao contrário de Saul, tem um relacionamento positivo com o lado feminino, com sua Anima. Já relatamos os episódios com Micol e Abigail. A história de Betsabá é mais complicada. Todo arquétipo, inclusive a Anima, tem um aspecto positivo e outro negativo, e veremos como os problemas de Davi com Betsabá têm a ver com o lado negativo do arquétipo.

2 Samuel — capítulo 11

2 Numa tarde, levantando-se da cama, Davi, foi passear no terraço do palácio real. Do terraço, ele viu uma mulher tomando banho. Ela era muito bonita. 3 Davi mandou colher informações sobre essa mulher. Disseram-lhe: "Ela é Betsabéia, filha de Eliam e esposa de Urias, o heteu!" 4 Então Davi mandou emissários para que a trouxessem. Betsabéia foi e Davi teve relações com ela, que tinha acabado de se purificar de suas regras. Depois ela voltou para casa. 5 Em conseqüência disso, Betsabéia concebeu, e mandou dizer a Davi: "Estou grávida!" 6 Então Davi mandou dizer a Joab: "Mande que Urias, o heteu, venha falar comigo." E Joab mandou Urias até Davi. 7 Quando Urias chegou, Davi lhe perguntou como iam Joab, o exército e a guerra. 8 Depois disse a Urias: "Vá para casa e lave seus pés." Urias saiu do palácio e recebeu um presente da mesa do rei. 9 Entretanto, Urias não foi para casa: dormiu na porta do palácio com os guardas do seu senhor. 10 Informaram então a Davi: "Urias não foi para casa." Davi perguntou a Urias: "Você não chegou de viagem? Por que não foi para casa?" 11 Urias respondeu: "A arca, Israel e Judá estão vivendo em tendas, e meu chefe Joab e os guerreiros do meu senhor estão acampados ao ar livre. Como posso ir para minha casa, para comer e beber e dormir com minha mulher? Por sua própria vida, eu nunca faria uma coisa dessas!" (...)

14 Na manhã seguinte, Davi escreveu uma carta para Joab e a mandou por meio de Urias. 15 Na carta, ele mandava: "Coloque Urias no lugar mais perigoso da batalha e retirem-se, deixando-o sozinho, para que seja ferido e morra." 16 Joab estava cercando a cidade e colocou Urias no lugar onde sabia que estavam os guerreiros mais valentes. 17 Os que estavam defendendo a cidade saíram para atacar Joab, e do exército morreram alguns da guarda de Davi. E morreu também Urias, o heteu. (...)

26 A mulher de Urias soube que seu marido tinha morrido e ficou de luto. 27 Quando terminou o luto, Davi mandou buscá-la e a recolheu em seu palácio. Davi a tomou como esposa, e ela deu à luz um filho. Javé, porém, reprovou o que Davi tinha feito.

Nos tempos de Davi, os homens podiam ter várias esposas. Isso permitia que, mesmo continuando um relacionamento amoroso maduro com outras mulheres, ele vivesse um amor romântico, caracterizado pela projeção de sua Anima. A Bíblia conta que o rei Salomão tinha 700 esposas e 300 concubinas.

Porém quis o acaso — ou era uma manobra do *Self?* — que Davi projetasse sua Anima em Betsabéia, uma mulher casada. Fora de si — dominado pelo seu inconsciente —, comete todas as torpezas, inclusive mandando matar seu leal general, Urias, para se casar com Betsabéia. Por esse ato teria que pagar caro.

Sua sagração real, o poder absoluto que Davi tinha sobre seu povo, parece ter-lhe custado um retrocesso na jornada de individuação. Davi, que não matou Saul nas duas oportunidades que teve, manda matar seu fiel general Urias. Parece-nos que o processo de integração da Sombra involuiu. Urias, casado com Betsabéia, seria a Sombra de Davi, pois é freqüente a Sombra e a Anima se associarem no inconsciente, o que pode ser simbolicamente representado por um casamento. A inconsciência pode transformar o ser humano em um criminoso, e foi o que aconteceu com Davi.

2 Samuel — capítulo 12

1 Javé mandou o profeta Natã falar com Davi. Natã se apresentou e disse a Davi: "Havia dois homens numa cidade: um era rico e o outro

era pobre. 2 O rico tinha muitos rebanhos de ovelhas e bois. 3 O pobre tinha só uma ovelha, uma ovelhinha que ele havia comprado. O pobre a criava e ela foi crescendo com ele, com seus filhos, comendo do seu pão, bebendo de sua vasilha e dormindo no seu colo. Era como filha para ele. 4 Ora, chegou uma visita à casa do homem rico, e este não quis pegar nenhuma de suas ovelhas ou vacas para servir ao viajante que o visitava. Então ele pegou a ovelha do homem pobre e a preparou para a sua visita." 5 Davi ficou furioso contra esse homem, e disse a Natã: "Pela vida de Javé, quem fez isso merece a morte. 6 Por não respeitar o que pertencia a outro, deverá pagar quatro vezes o valor da ovelha." 7 Então Natã disse a Davi: "Pois esse homem é você mesmo! Assim diz Javé, Deus de Israel: Eu ungi você como rei de Israel. E eu o salvei de Saul. 8 Eu dei a você a casa do seu senhor. Eu coloquei em seus braços as mulheres do seu senhor. Eu dei a você a casa de Israel e de Judá. E se isso ainda não é suficiente, eu darei a você qualquer outra coisa. 9 Então por que você desprezou Javé e fez o que ele reprova? Você assassinou Urias, o heteu, para se casar com a mulher dele, e matou Urias com a espada dos amonitas. 10 Pois bem! A espada nunca mais se afastará de sua família, porque você me desprezou e tomou a mulher de Urias, o heteu, para se casar com ela. 11 Assim diz Javé: Eu farei com que a desgraça surja contra você de dentro de sua própria casa. Pegarei suas mulheres e as darei a outro diante de seus olhos, e ele dormirá com suas mulheres debaixo da luz deste sol. 12 Você agiu às escondidas, mas eu farei tudo isso diante de todo Israel e em pleno dia." 13 Davi disse a Natã: "Pequei contra Javé." Então Natã disse a Davi: "Javé perdoou o seu pecado. Você não morrerá. 14 Mas, por ter ultrajado a Javé, com seu comportamento, o filho que você teve morrerá." 15 E Natã foi para casa.

Novamente Davi mostra sua personalidade evoluída e reconhece seu erro. Honestidade psicológica é a capacidade de não negar a verdade sobre si mesmo. Sua presença não indica que quem a possui é bom, mas que preenche um fundamental requisito para a mudança. A grandeza de Davi não provém de sua bondade, mas de sua honestidade psicológica. Talvez por isso, Javé o protegia.

2 Samuel — capítulo 7

8 Portanto, diga ao meu servo Davi: Assim diz Javé dos exércitos: Eu tirei você do pastoreio, onde você cuidava das ovelhas, para fazê-lo chefe do meu povo Israel. 9 Estive com você em toda parte por onde você andava, e destruí na sua frente todos os seus inimigos. E eu darei a você um grande nome, como o nome dos grandes da terra. 10 Fixarei um lugar para o meu povo Israel, eu o firmarei, para que habite no seu lugar próprio. E assim ele não precisará mais andar errante. Os perversos não continuarão a oprimi-lo como antes, 11 como acontece desde o dia em que estabeleci juízes sobre o meu povo Israel. Eu livrarei você de todos os seus inimigos. Javé informa que vai fundar uma dinastia para você. 12 E quando esgotar seus dias e você repousar junto a seus antepassados, eu exaltarei a sua descendência depois de você, aquele que vai sair de você. E firmarei a realeza dele.

Como pode Davi, com tantos e graves defeitos, ser o escolhido de Javé? Por muito menos, Saul foi abandonado à sua sorte. Alguns justificam que o arrependimento tão profundo de Davi, retratado nos Salmos que lhe são atribuídos, poderia justificar tal bênção, o que faz sentido se recordarmos a história do bom ladrão, crucificado ao lado de Jesus, e levado aos céus. Tomemos, como exemplo do arrependimento de Davi, o Salmo 51:

SALMO 51 (50) — Do mundo do pecado para o reino da graça

1 Do mestre de canto. Salmo. De Davi. 2 Quando o profeta Natã foi encontrá-lo, após ele ter estado com Betsabéia. 3 Tem piedade de mim, ó

Deus, por teu amor! Por tua grande compaixão, apaga a minha culpa! 4 Lava-me da minha injustiça e purifica-me do meu pecado! 5 Porque eu reconheço a minha culpa, e o meu pecado está sempre na minha frente; 6 pequei contra ti, somente contra ti, praticando o que é mau aos teus olhos. Tu és justo, portanto, ao falar, e, no julgamento, serás o inocente. 7 Eis que eu nasci na culpa, e minha mãe já me concebeu pecador. 8 Tu amas o coração sincero, e, no íntimo, me ensinas a sabedoria. 9 Purifica-me com o hissopo, e eu ficarei puro. Lava-me, e eu ficarei mais branco do que a neve. 10 Faze-me ouvir o júbilo e a alegria, e que se alegrem os ossos que esmagaste. 11 Esconde dos meus pecados a tua face, e apaga toda a minha culpa. 12 Ó Deus, cria em mim um coração puro, e renova no meu peito um espírito firme. 13 Não me rejeites para longe da tua face, não retires de mim teu santo espírito. 14 Devolve-me o júbilo da tua salvação, e que um espírito generoso me sustente. 15 Vou ensinar teus caminhos aos culpados, e os pecadores voltarão para ti. 16 Livra-me do sangue, ó Deus, ó Deus, meu salvador! E a minha língua cantará a tua justiça. 17 Senhor, abre os meus lábios, e minha boca anunciará o teu louvor. 18 Pois tu não queres sacrifício, e nenhum holocausto te agrada. 19 Meu sacrifício é um espírito contrito. Um coração contrito e esmagado tu não o desprezas. 20 Favorece a Sião, por tua bondade, reconstrói as muralhas de Jerusalém. 21 Então aceitarás os sacrifícios rituais, ofertas totais e holocaustos, e no teu altar se imolarão novilhos.

Porém Davi, mesmo arrependido, teria que pagar por tudo o que fez. Seu filho, gerado por Betsabéia, quando ainda esposa de Urias, morreu. Seu primogênito Amon violentou uma irmã, e foi morto por Absalão, seu segundo filho. Absalão se revoltou contra Davi, e quase destrói o reino, antes de morrer pelas mãos de um general de Davi. Tudo isso causou grande sofrimento a Davi, seu castigo pelos inúmeros atos abomináveis que cometeu.

Os erros de Davi passaram a seus descendentes. A história se repete nas famílias — os filhos pagam pelos erros dos pais —, talvez justificando o mito do pecado original. É necessário que algum membro da família corte a corrente, ao avançar em sua própria jornada de individuação.

2 Samuel — capítulo 16

5 Quando o rei Davi chegou a Baurim, saiu daí um homem do clã de Saul, chamado Semei, filho de Gera, gritando maldições. 6 Começou a jogar pedras em Davi e nos ministros do rei, enquanto o povo e os soldados iam à direita e à esquerda do rei. 7 E Semei amaldiçoava a Davi: "Caia fora, caia fora, assassino, canalha! 8 Javé está fazendo você pagar o sangue da família de Saul, de quem você usurpou o trono! Javé entregou o reino a seu filho Absalão, enquanto você está caindo na desgraça, porque você é um assassino." 9 Abisaí, filho de Sárvia, disse ao rei: "Por que esse cão morto tem que ficar amaldiçoando o senhor meu rei? Vou lá e corto a cabeça dele." 10 Mas o rei disse: "Não se intrometam na minha vida, filhos de Sárvia! Deixem que ele me amaldiçoe. Se foi Javé quem o mandou para amaldiçoar a Davi, quem poderá pedir-lhe contas?"

Davi novamente mostra sua grandeza, ou seu medo de Javé, no tratamento de Semei. É uma pena que nunca tenha se esquecido dessa afronta, e que, em seu leito de morte, tenha recomendado a Salomão que o matasse, sem dúvida uma regressão.

PARTE F

O processo de individuação

O processo que Jung convencionou chamar de individuação é tão importante, tão central em sua psicologia, que vamos revisitar o conceito e organizar nossas idéias sobre ele. O que podemos entender por individuação?

A individuação é um processo — uma jornada — que se estende por toda a vida, cujo objetivo é nos transformar em seres humanos mais conscientes e mais completos. A individuação é o processo de construção da personalidade.

A jornada de individuação pode ser entendida como um processo de conscientização das informações guardadas no inconsciente da nossa psique. Quanto mais nos conscientizarmos do que temos arquivado no inconsciente, mais avançados estaremos em nossa jornada de individuação.

Segundo Jung, o processo de individuação seria a razão da vida. Ele chega a afirmar que o aperfeiçoamento da humanidade é um processo em que os ganhos de cada indivíduo se somam para criar um novo patamar para futuras gerações. Da mesma maneira que os cientistas de hoje baseiam seu trabalho no dos que os antecederam, a psique do homem moderno aproveita os ganhos, ainda que individuais, de seres humanos do passado.

Podemos dividir o desenvolvimento do ser humano — a jornada de individuação — em dois grandes estágios. No primeiro, que ocorre na primeira metade da vida, o objetivo do ser humano é fortalecer seu Ego. Em uma fase muito inicial, esse processo ocorre automaticamente. O bebê nasce ainda inconsciente de que é um ser separado de sua mãe, mas com o desenrolar da vida vai aprendendo que ele é distinto dela. Depois de nove meses de gestação, vivendo em simbiose completa com a mãe, ele vai se conscientizando de que é um ente diferente. Na medida em que o ser humano cresce, se desenvolve, esse processo vai perdendo seu automatismo, e o ser humano passa a ter que fazer esforços para continuar a desenvolver seu Ego, tornando-se consciente de outras partes de seu inconsciente.

A formação do inconsciente pessoal começa com o arquivamento de informações que recebemos desde o nosso nascimento. Alguns afirmam que o processo começa ainda dentro do útero, desde a formação do feto. Uma criança que cai, se machuca, começa a chorar e ouve do pai que homem não chora, guarda essa informação no seu inconsciente pessoal. Uma criança que tem uma mãe distante, que não lhe dá amor, arquiva a informação em seu inconsciente pessoal de que ele não é digno de amor. Quando chega a uma idade em que seu Ego começa a se estruturar um pouco mais, algumas dessas informações que recebeu podem não estar conscientes, mas não estão perdidas; ficam arquivadas no seu inconsciente.

Os pais de uma criança — ou os adultos substitutos dos pais — são as principais influências na formação do inconsciente pessoal do ser humano. Por esse motivo uma importante tarefa do processo de individuação, que geralmente ocorre com maior intensidade na segunda metade da vida, é se libertar dos pais. Melhor dizendo, se conscientizar da influência dos pais e poder escolher, entre todo o material recebido, o que é adequado e o que é lixo, que deve ser descartado. Essa tarefa só pode ser realizada quando o material reprimido de infância ascende ao consciente, passa a ser conhecido pelo Ego. O ser humano tem que se separar dos pais. Essa separação não precisa ser física, mas deve ser psicológica. Já mencionamos o conselho de Jesus: "E os inimigos do homem serão os seus próprios familiares" (Mateus 10:36). Esse é o processo de conscientização da Sombra pessoal.

Enquanto, na primeira etapa de seu desenvolvimento, a tarefa do ser humano é principalmente fortalecer seu Ego, na segunda, é a de conscientizar-se de que o Ego não é a força absoluta, única, dentro de sua mente. Conscientizar-se de que existe uma força maior, um diretor-geral acima do Ego — o *Self* ou, se se preferir, o Deus psicológico. O ser humano deve ter humildade para reconhecer que sua psique não é constituída somente pelo Ego, mas que existem outras personalidades dentro de sua mente, ainda que inconscientes, como, por exemplo, a Sombra, a Anima ou o Animus, além de outras, especialmente o *Self*, o diretor-geral, o arquétipo central da psique.

Nessa segunda etapa de seu desenvolvimento, o Ego é humilhado, confrontando-se conscientemente com seus limites. Quem estava acostumado a ser o "rei da cocada preta" agora passa a ter que ouvir um poder maior. Muitas vezes é necessário um choque para iniciar o processo. Um período de 40 dias no deserto, como Cristo, ou na barriga da baleia, como Jonas. Uma perda de um ente querido que força o ser humano a revisar sua vida, seus valores. Em suma, é necessário que o ser humano se defronte com algum acontecimento, geralmente doloroso, que o force a pensar no objetivo da vida? Esta pergunta pode não ter resposta para alguns, mas pensar nela é importante.

Na medida em que consigamos um diálogo com o *Self* — especialmente através dos sonhos —, devemos obedecer cegamente a ele? Não. O *Self* engloba a totalidade, engloba o bem e o mal. Cabe ao Ego entender os conselhos do *Self*, negociar com ele e escolher seu próprio caminho. Vale lembrar a já referida metáfora do técnico de futebol. Ainda que os jogadores devam seguir suas orientações, o que cada um faz com a bola dentro de campo é uma decisão individual. Veremos adiante que Jacó — seu Ego — lutou contra o anjo do senhor — o *Self*.

A vida do homem se assemelha ao caminho do Sol: nasce, chega ao ponto mais alto e se esconde. O ser humano nasce em simbiose com o *Self* — com seu Ego praticamente inexistente —, chega ao ponto mais alto — com seu Ego reinando absoluto — e volta, no fim da vida, a se aproximar do *Self* — conhecendo as limitações de seu Ego. Paradoxalmente, o Ego agora é mais forte, pois conhece seus pontos fortes e fracos. Essa é a jornada de individuação. No fim de sua jornada, o ser humano descobre que também é divino.

CAPÍTULO 17

Abraão: o pai do povo

Depois da destruição da torre de Babel e da dispersão dos povos, a Bíblia relata a passagem de várias gerações na Terra. Abraão, cujo nome original era Abrão, foi o grande patriarca bíblico depois de Adão e de Noé. E foi chamado para uma missão importante. Vejamos o que nos diz o grande livro:

Gênesis — capítulo 12
1 Javé disse a Abrão: "Saia de sua terra, do meio de seus parentes e da casa de seu pai, e vá para a terra que eu lhe mostrarei. 2 Eu farei de você um grande povo, e o abençoarei; tornarei famoso o seu nome, de modo que se torne uma bênção. 3 Abençoarei os que abençoarem você e amaldiçoarei aqueles que o amaldiçoarem. Em você, todas as famílias da terra serão abençoadas."

Abraão recebeu um chamado. Não é uma façanha fácil abandonar a terra em que você vive, a casa de seus pais, seus amigos, sua vida passada. Mais ainda, em uma época em que a mudança era uma aventura cheia de perigos. Isso é o que se demanda de um herói. Poderíamos dizer que existem duas formas de vida: uma seria viver em sua comunidade, cuidando dos seus negócios e de seus filhos, sem se envolver em grandes aventuras, necessariamente perigosas e arriscadas. O homem se mantém dentro dos padrões e costumes de seu povo, sem inovar, vivendo uma existência comum.

A outra forma de vida é a do herói. Cabe a ele, correndo riscos pessoais, se afastar do seu modo de vida, buscando uma situação melhor para si e para seu grupo. Ele traz, em seu retorno, novas idéias e novas energias para seu povo, ainda que tais aportes não sejam facilmente aceitos. O ser humano resiste às mudanças, e muitos dos heróis se arriscam em vão.

Sem heróis, a civilização envelhece. A Terra Devastada, retratada nos mitos da busca do Graal, é uma boa metáfora para essa situação: o rei ferido, a terra árida, o povo doente — sem a energia e o propósito que somente um herói, no caso Parsifal, pode trazer.

Abraão é chamado para deixar sua terra, seus pais, irmãos e amigos. Isso lembra um dos ensinamentos de Jesus, talvez um dos menos compreendidos, relatado em Mateus. Lido metaforicamente, esse conselho revela sua sabedoria.

Evangelho de Mateus — capítulo 10

34 "Não pensem que eu vim trazer paz à terra; eu não vim trazer a paz, e sim a espada. 35 De fato, eu vim separar o filho de seu pai, a filha de sua mãe, a nora de sua sogra. 36 E os inimigos do homem serão os seus próprios familiares. 37 Quem ama seu pai ou mãe mais do que a mim, não é digno de mim. Quem ama seu filho ou sua filha mais do que a mim, não é digno de mim. 38 Quem não toma a sua cruz e não me segue, não é digno de mim. 39 Quem procura conservar a própria vida, vai perdê-la. E quem perde a sua vida por causa de mim, vai encontrá-la."

O mito do herói se caracteriza por uma separação radical do *status quo*. O herói é chamado para renovar costumes que estão envelhecendo, para trazer algo novo, que instile nova energia e propósito — nova vida — em sua comunidade, reino ou nação. Um costume, comum entre algumas tribos primitivas, era realizar essa mudança com a morte ritual do velho rei, dando lugar ao novo, à evolução, ao progresso.

Sir James Frazer, em seu conhecido livro *O ramo de ouro*, conta que em certas regiões da África e do sul da Índia existia o costume de matar o rei. Ele representava o divino para essas tribos, e seu envelhecimento, seu enfraquecimento, poderia repercutir nas colheitas, ou pelo menos assim acreditavam os seus súditos. Por esse motivo, quando a força física do rei decaía, por motivo de doença ou de velhice, ele tinha que ser morto, para que seu espírito, que eles acreditavam divino, se transplantasse para outro. Em vários povos que tinham esse costume, para evitar o risco desse enfraquecimento, o rei ocupava a posição por um tempo determinado — sete, 12 anos — e, decorrido esse prazo, mesmo que continuasse forte e sadio, era morto. O prazo era antecipado se, por motivo de doença ou acidente, o enfraquecimento ocorresse antes do período previsto, para que a tribo não corresse o risco de que o espírito divino ficasse enfraquecido.

O mito do herói, tão bem detalhado por Joseph Campbell no já mencionado *O herói de mil faces*, tem algumas características que se repetem nos mitos de todo o mundo. Sua primeira etapa é o chamado. Abraão foi chamado por Javé para deixar toda sua vida anterior para trás e sair em uma aventura, buscando uma nova Terra Prometida.

Como entender, psicologicamente, o chamado de Abraão e o ensinamento tão radical de Jesus? Para isso, temos que buscar a metáfora contida no chamado. O herói tem que se afastar de sua comunidade para buscar idéias novas. Indo para o deserto, para longe da influência de sua comunidade, o Ego pode receber lições do *Self*. Como já dissemos, o Ego tem que se aproximar e afastar do *Self*, tem que receber lições dele e se afastar para poder consolidar tais lições. Vivendo em estado de *participation mystique* com sua comunidade, com sua família, ele não poderá se conscientizar de partes ainda inconscientes de sua psique.

O herói tem que se afastar da sua comunidade, dos seus padrões e tabus, receber novas lições de vida e se conscientizar delas, para depois voltar com um nível mais elevado de consciência, trazendo o progresso — material ou espiritual — para seu povo.

Apesar de Abraão ser considerado pela Bíblia o pai de todas as civilizações, não podemos deixar de apontar falhas em seu caráter. Quando, no princípio de sua jornada, tendo que sair de suas terras e, levado pela fome, se refugiar no Egito, apresentou Sara, sua esposa, como sua irmã. De fato, Sara era irmã de Abraão por parte de pai, mas, ao omitir, por medo de ser morto, que ela era também sua esposa, permitiu que fosse convocada para o harém do faraó. Será que Abraão tinha alguma alternativa? Afinal, se o faraó decidisse tomar Sara, poderia matá-lo. O Senhor, que sempre protegeu Abraão, interveio para resolver o problema. Vejamos o que conta a Bíblia:

Gênesis — capítulo 12

10 Houve uma carestia no país e, como a fome apertava, Abrão desceu ao Egito para aí morar. 11 Quando estava chegando ao Egito, Abrão disse à sua mulher Sarai: "Olhe! Eu sei que você é uma mulher muito bonita. 12 Quando os egípcios virem você, vão dizer: 'É a mulher dele.'

> E me matarão, deixando você viva. 13 Diga, por favor, que você é minha irmã, para que eles me tratem bem por sua causa e, assim, graças a você, eles me deixarão vivo." 14 De fato, quando Abrão chegou ao Egito, os egípcios viram que sua mulher era muito bonita. 15 Os oficiais do Faraó viram Sarai e a elogiaram muito diante dele; e Sarai foi levada para o palácio do Faraó. 16 Este, por causa de Sarai, tratou bem a Abrão: ele recebeu ovelhas, bois, jumentos, escravos, servas, jumentas e camelos. 17 Javé, porém, feriu o Faraó e sua corte com graves doenças, por causa de Sarai, mulher de Abrão. 18 Então o Faraó chamou Abrão, e lhe disse: "O que foi que você me fez? Por que não me declarou que ela era sua mulher? 19 Por que me disse que era sua irmã? Eu a tomei como esposa. Olhe bem! Se ela é sua mulher, tome-a e vá embora." 20 O Faraó confiou Abrão, junto com sua mulher e tudo o que possuía, a vários homens, que os levaram até a fronteira.

Abraão, com a proteção do Senhor, levou vantagem com sua fraqueza; saiu rico do Egito. Jung costumava dizer que o caminho da individuação não é uma estrada reta, mas se assemelha mais a um caminho labiríntico. É impossível para um ser humano ter uma trajetória de vida impecável; ele não seria humano. Como dizia Jung, o ser humano deve buscar a completude, não a perfeição, até porque esta é meta inatingível. Porém espera-se que aqueles seres especiais, que vão servir de exemplo para a humanidade, aprendam e melhorem com seus erros. José, neto de Abraão, cuja história já discutimos, se transformou em um homem admirável, deixando de ser o rapaz vaidoso e fútil que era em sua juventude. Essa transformação o levou a tornar-se um indivíduo em estágio avançado na sua jornada de individuação.

Abraão não aprendeu a primeira lição, até porque ele não recebeu nenhuma punição do Senhor. Filho mimado nunca aprende. Não tendo sido punido por seu erro, Abraão vai repetir o mesmo jogo quando, já centenário em anos, apresenta Sara a Abimelec, rei de Gerara, como sua irmã. Mais uma vez a situação foi resolvida com a interferência divina, e Abraão foi recompensado com um aumento de seus bens materiais, em vez de ser punido.

Porém, sem afirmar que Abraão era perfeito — até porque a perfeição não é atributo possível para seres humanos —, temos que reconhecer suas qualidades. A primeira, talvez a mais importante para o herói: coragem. Abraão aceitou o chamado do Senhor, largou sua aldeia, seus pais e parentes para se aventurar nas terras de Canaã. Muitos são chamados, mas poucos aceitam o desafio e se candidatam a ser cabeça de um grande povo. Repito o que disse o Senhor a Abraão: "Eu farei de você um grande povo, e o abençoarei; tornarei famoso o seu nome, de modo que se torne uma bênção" (Gênesis, 12.2).

O caminho da individuação é um caminho árduo. Nem todos os que são chamados aceitam o desafio; nem todos os que o aceitam progridem na jornada; nem todos os que progridem estão imunes a uma regressão. Uma das características necessárias ao herói, que aceita o desafio e põe o pé na estrada, é a coragem. Abraão tinha coragem. E de sobra. Um episódio de sua vida, que revela isso, é sua discussão com os enviados do Senhor tentando salvar Sodoma e Gomorra. A Bíblia narra:

Gênesis — capítulo 18

20 Então Javé disse: "O clamor contra Sodoma e Gomorra é muito grande e o pecado deles é muito grave. 21 Vou descer para ver se, de fato, as ações deles correspondem ou não ao clamor que subiu até mim contra eles. Então, ficarei sabendo." 22 Os homens partiram daí e foram para Sodoma, enquanto Javé permanecia com Abraão. 23

> Abraão aproximou-se e perguntou: "Destruirás o justo com o injusto? 24 Talvez haja cinqüenta justos na cidade! Destruirás e não perdoarás a cidade pelos cinqüenta justos que estão no meio dela? 25 Longe de ti fazeres tal coisa: matar o justo com o injusto, de modo que o justo seja confundido com o injusto! Longe de ti! Será que o juiz de toda a terra não fará justiça?" 26 Javé respondeu: "Se eu encontrar cinqüenta justos na cidade de Sodoma, perdoarei a cidade toda por causa deles." 27 Abraão continuou: "Eu me atrevo a falar ao meu Senhor, embora eu seja pó e cinza. 28 Mas talvez faltem cinco para os cinqüenta justos: por causa de cinco, destruirás a cidade inteira?" Javé respondeu: "Não a destruirei, se eu nela encontrar quarenta e cinco justos." 29 Abraão insistiu: "Suponhamos que só existam quarenta!" Javé respondeu: "Por causa dos quarenta, eu não o farei." 30 Abraão continuou: "Que meu Senhor não fique irritado se eu continuo falando. E se houver trinta? Javé respondeu: "Se houver trinta, eu não o farei." 31 Abraão insistiu "Estou me atrevendo a falar ao meu Senhor. Talvez haja vinte!" Jave respondeu: "Por causa dos vinte, eu não a destruirei." 32 Abraão continuou: "Que o meu Senhor não se irrite se eu pergunto pela última vez: E se houver dez?" Javé respondeu: "Por causa dos dez, eu não a destruirei." 33 Quando terminou de falar com Abraão, Javé foi embora. E Abraão voltou para o seu lugar.

Nesse episódio a atuação de Abraão é louvável por duas razões — por demonstrar coragem e por demonstrar compaixão. Compaixão que, antes de Abraão, Noé não teve para com os seus compatriotas.

Essa conversa de Abraão com o Senhor pode ser entendida como uma conversa entre o Ego e o *Self*. O Ego deve se curvar ao *Self*, desde que não vá contra suas convicções pessoais. O *Self*, sendo completo, é também a totalidade. Como tal, engloba tanto o bem como o mal. Cabe ao Ego discutir e negociar com o *Self*, sempre que surgirem ocasiões em que as determinações deste conflitarem contra os princípios que o Ego abraça. A compaixão de Abraão e também seu senso de justiça, características de seu Ego, exigiram que ele se insurgisse contra as determinações do *Self*. E sua coragem permitiu que isso acontecesse.

Porém isso não se repete em outras passagens importantes da vida de nosso herói, o que mostra como o caminho não é uma estrada reta, mas uma trilha labiríntica. Por Sara ser estéril, ela lhe dá sua escrava Agar para que ele gere descendentes.

Gênesis — capítulo 16

1 Sarai, mulher de Abrão, não lhe dava filhos; mas tinha uma escrava egípcia chamada Agar. 2 Então Sarai disse a Abrão: "Javé não me deixa ter filhos: una-se à minha escrava para ver se ela me dá filhos." Abrão aceitou a proposta de Sarai. 3 Dez anos depois que Abrão se estabeleceu na terra de Canaã, sua mulher Sarai tomou sua escrava, a egípcia Agar, e a entregou como mulher a seu marido Abrão. 4 Este se uniu a Agar, que ficou grávida. Vendo que estava grávida, Agar perdeu o respeito para com Sarai. 5 Então Sarai disse a Abrão: "Você é responsável por essa injustiça. Coloquei em seus braços minha escrava, e ela, vendo-se grávida, não me respeita mais. Que Javé seja nosso Juiz." 6 Abrão disse a Sarai: "Muito bem. Sua escrava está em suas mãos. Trate-a como você achar melhor." Sarai maltratou de tal modo Agar que ela fugiu de sua presença. 7 O anjo de Javé encontrou Agar junto a uma fonte no deserto, a fonte que está no caminho de Sur. 8 E lhe disse: "Agar, escrava de Sarai, de onde você vem e para onde vai?" Agar respondeu: "Estou fugindo de minha patroa Sarai." 9 O anjo de Javé lhe disse: "Volte para sua patroa e seja submissa a ela." 10 E o anjo de Javé acrescentou: "Eu farei a descendência de você tão numerosa que ninguém poderá contar." 11 E o anjo de Javé concluiu: "Você está grávida e vai dar à luz um filho e lhe dará o nome de Ismael, por-

que Javé ouviu sua aflição. 12 Ele será potro selvagem: estará contra todos, e todos estarão contra ele; e viverá separado de seus irmãos." 13 Agar invocou o nome de Javé, que lhe havia falado, e disse: "Tu és o Deus-que-me-vê, pois eu vi Aquele-que-me-vê." 14 Por isso esse poço chama-se "Poço daquele que vive e me vê", e se encontra entre Cades e Barad. 15 Agar deu à luz um filho para Abrão, e Abrão deu o nome de Ismael ao filho que Agar lhe dera. 16 Abrão tinha oitenta e seis anos quando Agar deu à luz Ismael.

Abraão não se opõe à expulsão de Agar, praticamente uma condenação à morte da mulher que lhe daria um filho, e novamente o Senhor o protege, salvando a situação. Porém a expulsão se repete.

Gênesis — capítulo 21

8 O menino cresceu e foi desmamado. E no dia em que Isaac foi desmamado Abraão deu uma grande festa. 9 Ora, Sara viu que o filho que Abraão tinha tido com a egípcia Agar estava zombando de seu filho Isaac. 10 Então ela disse a Abraão: "Expulse essa escrava e o filho dela, para que o filho dessa escrava não seja herdeiro com meu filho Isaac." 11 Abraão ficou muito desgostoso com isso, porque Ismael era seu filho. 12 Mas Deus lhe disse: "Não fique aflito por causa do menino e da escrava. Atenda ao pedido de Sara, pois será através de Isaac que sua descendência levará o nome que você tem. 13 Entretanto, também do filho da escrava eu farei uma grande nação, pois ele é descendência sua." 14 Abraão levantou-se de manhã, pegou pão e um cantil de água e os deu a Agar; colocou a criança sobre os ombros dela e depois a mandou embora. Ela saiu e andava errante pelo deserto de Bersabéia. 15 Quando acabou a água do cantil, ela pôs a criança debaixo de um arbusto 16 e foi sentar-se na frente, a distância de um tiro de arco. Ela pensava: "Não quero ver a criança morrer!" E sentou-se a distância. O menino começou a chorar. 17 Deus ouviu os gritos

> da criança, e o anjo de Deus, lá do céu, chamou Agar, dizendo: "O que é que você tem, Agar? Não tenha medo, pois Deus ouviu os gritos do menino que aí está. 18 Levante-se, pegue o menino e segure-o firme, porque eu farei dele uma grande nação." 19 Deus abriu os olhos de Agar e ela viu um poço. Foi encher o cantil e deu de beber ao menino. 20 Deus estava com o menino. Ele cresceu, morou no deserto e tornou-se um arqueiro. 21 Morou no deserto de Farã, e sua mãe escolheu para ele uma mulher egípcia.

Nesse episódio, existe uma atenuante, já que o Senhor garante a Abraão a proteção do menino e da escrava. Porém não podemos deixar de ver nesse caso o prenúncio da grande separação, que hoje existe entre católicos, judeus e islamitas, com os filhos de Abraão pagando pelos erros por ele cometidos, do mesmo modo que estaríamos pagando pelo "erro" de Adão e Eva — o pecado original.

Outro episódio marcante na vida de Abraão é o quase sacrifício de seu filho Isaac. Como explicar que Abraão tenha aceitado a ordem de Deus — do *Self* — de sacrificar seu tão esperado primogênito? Será que ele, que intercedeu pelos habitantes de Sodoma e Gomorra, não deveria ter discutido a ordem do Senhor? Vejamos como a Bíblia conta a história da prova de Abraão.

> **Gênesis — capítulo 22**
> 1 Depois desses acontecimentos, Deus pôs Abraão à prova, e lhe disse: "Abraão, Abraão!" Ele respondeu: "Estou aqui." 2 Deus disse: "Tome seu filho, o seu único filho Isaac, a quem você ama, vá à terra de Moriá e ofereça-o aí em holocausto, sobre uma montanha que eu vou lhe mostrar." 3 Abraão se levantou cedo, preparou o jumento, e levou consigo dois servos e seu filho Isaac. Rachou a lenha do holocausto, e foi para o lugar que Deus lhe havia indicado. 4 No terceiro

dia, Abraão levantou os olhos e viu de longe o lugar. 5 Então disse aos servos: "Fiquem aqui com o jumento; eu e o menino vamos até lá, adoraremos a Deus e depois voltaremos até vocês." 6 Abraão pegou a lenha do holocausto e a colocou nas costas do seu filho Isaac, tendo ele próprio tomado nas mãos o fogo e a faca. E foram os dois juntos. 7 Isaac falou a seu pai: "Pai." Abraão respondeu: "Sim, meu filho!" Isaac continuou: "Aqui estão o fogo e a lenha. Mas onde está o cordeiro para o holocausto?" 8 Abraão respondeu: "Deus providenciará o cordeiro para o holocausto, meu filho!" E continuaram caminhando juntos. 9 Quando chegaram ao lugar que Deus lhe indicara, Abraão construiu o altar, colocou a lenha, depois amarrou seu filho e o colocou sobre o altar, em cima da lenha. 10 Abraão estendeu a mão e pegou a faca para imolar seu filho. 11 Nesse momento, o anjo de Javé o chamou lá do céu e disse: "Abraão, Abraão!" Ele respondeu: "Aqui estou!" 12 O anjo continuou: "Não estenda a mão contra o menino! Não lhe faça nenhum mal! Agora sei que você teme a Deus, pois não me recusou seu filho único." 13 Abraão ergueu os olhos e viu um cordeiro, preso pelos chifres num arbusto; pegou o cordeiro e o ofereceu em holocausto no lugar do seu filho. 14 E Abraão deu a esse lugar o nome de "Javé providenciará." Assim, até hoje se costuma dizer: "Sobre a montanha, Javé providenciará". 15 O anjo de Javé chamou lá do céu uma segunda vez a Abraão, 16 dizendo: "Juro por mim mesmo, palavra de Javé: porque você me fez isso, porque não me recusou seu filho único, 17 eu o abençoarei, eu multiplicarei seus descendentes como as estrelas do céu e a areia da praia. Seus descendentes conquistarão as cidades de seus inimigos. 18 Por meio da descendência de você, todas as nações da terra serão abençoadas, porque você me obedeceu."

A imolação do primogênito em sacrifício aos deuses era uma prática que existia, em tempos remotos, entre os povos semitas da região. Esse costume bárbaro foi posteriormente substituído pelo sacrifício de animais, uma prática freqüente no Antigo Testamento. Porém a função do herói é inovar, trazer o novo, desafiar costumes. Nada justifica que Abraão, que mostrou sua compaixão para com os habitantes de Sodoma e Gomorra, não tenha se pronunciado, negociado, discutido com o Senhor. Abraão não fez nada disso e se dispôs a cumprir as ordens — matar seu único filho.

Qual seria o significado da prova pedida a Abraão? Do ponto de vista psicológico, o Ego, mesmo tendo que se afastar do *Self* para se desenvolver e se consolidar, deve atender às suas determinações, deve seguir sua orientação desde que essas não conflitem com princípios já consolidados em seu Ego. O princípio do sacrifício do primogênito era, nos tempos de Abraão, aceito pelo povo como uma oferenda ao Senhor. Será que Abraão, como o herói que era, não deveria ter discutido essa ordem?

O Ego é o centro da consciência, mas não pode achar que é o centro da psique. Isso é prerrogativa do *Self*. Porém não deve aceitar, sem discussão e negociação, qualquer determinação do *Self* ou do inconsciente. Ao aceitar o sacrifício de seu único filho, Abraão mostrou sua submissão ao *Self*, aos poderes maiores que regem a mente humana. Porém, volto a enfatizar, essa submissão não deve ser absoluta. O *Self*, nosso lado divino, engloba a totalidade, e essa totalidade inclui o bem e o mal.

Cabe ao Ego, com sua capacidade de discriminar, discutir, julgar e negociar as imposições do *Self*. Lembremos do Jardim do Éden: se Eva não houvesse contrariado as ordens do Senhor, o homem seria apenas mais um animal, não teria iniciado sua jornada, gloriosa e sofrida de tomada da consciência, não teria iniciado sua jornada de individuação.

Abraão foi um grande herói. Seus atos corajosos, suas atitudes firmes, permitiram ao gênero humano dar um gigantesco passo em busca de um patamar mais alto de consciência. Porém, por ter iniciado sua jornada em um estágio muito primitivo, ele não pôde chegar mais longe. Seria pedir demais querer que ele fosse além, que tivesse lutado para proteger Isaac contra um costume aceito em seu tempo.

O desenvolvimento da ciência pode servir de modelo para o desenvolvimento da psique. Do mesmo modo que as descobertas científicas se apóiam em outras descobertas, anteriores, realizadas por outros cientistas, também a psique humana se desenvolve apoiando-se no que já foi desbravado no passado. O que é conseguido por um ser humano passa a pertencer ao inconsciente coletivo de seus descendentes, que podem começar seu desenvolvimento a partir de um patamar um pouco mais elevado. Veremos como alguns descendentes de Abraão lograram atingir patamares mais avançados na busca da consciência, na jornada de individuação.

CAPÍTULO 18

Moisés: o herói da Terra Prometida

O segundo livro da Bíblia — Êxodo — começa com a história da saída dos judeus do Egito, sob o comando de Moisés. Moisés pode ser considerado o maior herói do Velho Testamento. O Pentateuco, os cinco primeiros livros da Bíblia — Gênesis, Êxodo, Levítico, Números e Deuteronômio —, dedica os quatro últimos à saga de Moisés, que leva o povo hebreu do Egito à Terra Prometida.

A figura do herói aparece nos mitos de todas as regiões do mundo, de todos os povos da Terra, e o nascimento do herói guarda características semelhantes nesses mitos. Elas são:

1. O futuro herói nasce em circunstâncias estranhas, geralmente adversas;
2. As autoridades tentam matá-lo;
3. É abandonado, freqüentemente sobre as águas (metáfora para o inconsciente);
4. É salvo, geralmente, por pessoas que o protegem;

5. Ele tem parentes duplos, os que o adotaram e os parentes reais.

O nascimento de Moisés tem quase todas as características do nascimento do herói. Isso também ocorre no caso do outro grande herói bíblico, Jesus, que foi concebido por uma virgem e esteve ameaçado de morte quando bebê. Podemos citar também diversos outros heróis da mitologia universal, como Hércules, filho de Zeus com uma mortal, que ainda bebê teve que se defender de cobras que, a mando de Hera, queriam matá-lo.

Vejamos o que nos diz a Bíblia sobre o nascimento de Moisés:

Êxodo — capítulo 2

1 Um homem da tribo de Levi casou-se com uma mulher da mesma tribo: 2 ela concebeu e deu à luz um filho. Vendo que era belo, o escondeu por três meses. 3 Quando não pôde mais escondê-lo, pegou um cesto de papiro, vedou com betume e piche, colocou dentro a criança, e a depositou entre os juncos na margem do rio. 4 A irmã da criança observava de longe para ver o que aconteceria. 5 Nesse momento, a filha do Faraó desceu para tomar banho no rio, enquanto suas servas andavam pela margem. Ela viu o cesto entre os juncos e mandou a criada apanhá-lo. 6 Ao abrir o cesto, viu a criança: era um menino que chorava. Ela se compadeceu e disse: "É uma criança dos hebreus!" 7 Então a irmã do menino disse à filha do Faraó: "A senhora quer que eu vá chamar uma hebréia para criar este menino?" 8 A filha do Faraó respondeu: "Pode ir." A menina foi e chamou a mãe da criança. 9 Então a filha do Faraó disse para a mulher: "Leve este menino, e o amamente para mim, que eu lhe pagarei." A mulher recebeu o menino e o criou. 10 Quando o menino cresceu, a mulher o entregou à filha do Faraó, que o adotou e lhe deu o nome de Moisés, dizendo: "Eu o tirei das águas."

Todos nós temos que ser heróis? Temos que fazer a jornada de individuação? Acredito que cada um, em maior ou menor grau, tem que seguir seu caminho de individuação. Para alguns, esse caminho é mais curto, menos perigoso. Ele faz um pequeno trecho de sua jornada. Os espíritas, e muitos povos do Leste, acreditam na teoria da reencarnação. Acreditam que a alma volta à vida milhares de vezes, quantas for necessário, para completar a jornada que lhe foi destinada por Deus.

O ser humano pode ter uma vida comum, em harmonia com a sociedade em que vive, seguindo suas regras, seus costumes, sem tentar modificar o sistema, sem ser herói. Porém, se todos os seres humanos se limitassem a esse tipo de vida, não haveria progresso, não haveria evolução. A evolução acontece quando um ser humano — o herói — se arrisca a deixar para trás o tradicional, quebra regras e tabus, e busca o novo. Lembremos o mito do Santo Graal. Parsifal encontrou um país devastado, sem renovação, sem crescimento. Seu rei estava doente, as colheitas não prosperavam e o povo estava estagnado. O rejuvenescimento da terra só foi possível pelo trabalho do herói — Parsifal.

José morreu. Os anos se passaram e seus feitos foram esquecidos. O povo hebreu agora estava escravizado e subjugado pelos egípcios, como nos conta a Bíblia. Isso é uma situação típica de estagnação psicológica. Só um herói poderia salvar os hebreus.

Êxodo — capítulo 1 — Luta entre a morte e a vida
8 Subiu ao trono do Egito um novo rei que não tinha conhecido José. 9 Ele disse ao seu povo: "Vejam! O povo dos filhos de Israel está se tornando mais numeroso e poderoso do que nós. 10 Vamos vencê-los com astúcia, para impedir que eles se multipliquem; do contrário, em caso de guerra, eles se aliarão com o inimigo, nos atacarão e depois sairão do país." 11 Então impuseram sobre Israel capatazes, que os exploravam

> em trabalhos forçados. E assim construíram para o Faraó as cidades-armazéns de Pitom e Ramsés. 12 Contudo, quanto mais oprimiam o povo, mais ele crescia e se multiplicava. Os filhos de Israel começaram a se tornar um pesadelo para os egípcios. 13 Por isso, os egípcios impuseram sobre eles trabalhos duros, 14 e lhes amargaram a vida com dura escravidão: preparação de argila, fabricação de tijolos, vários trabalhos nos campos; enfim, com dureza os obrigaram a todos esses trabalhos. 15 O rei do Egito ordenou às parteiras dos hebreus, que se chamavam Sefra e Fua: 16 "Quando vocês ajudarem as hebréias a dar à luz, observem se é menino ou menina: se for menino, matem; se for menina, deixem viver." 17 As parteiras, porém, temeram a Deus e não fizeram o que o rei do Egito lhes havia ordenado; e deixaram os meninos viverem. 18 Então o rei do Egito chamou as parteiras e lhes disse: "Por que vocês fizeram isso, deixando os meninos viverem?" 19 Elas responderam ao Faraó: "As mulheres hebréias não são como as egípcias: são cheias de vida, e dão à luz antes que as parteiras cheguem." 20 Por isso, Deus favoreceu as parteiras. E o povo se multiplicou e tornou-se muito poderoso. 21 E como as parteiras temeram a Deus, ele deu a elas uma família numerosa. 22 Então o Faraó ordenou a todo o seu povo: "Joguem no rio Nilo todo menino que nascer; e se for menina, deixem viver."

A situação do povo hebreu no Egito pode ser entendido como uma metáfora. O ser humano, que se encontra em situação difícil, é forçado a seguir seu caminho de individuação. O Egito, comandado pelo faraó, representa um estágio psicológico em que o Ego está centrado no princípio de poder. O povo hebreu é o elemento novo que está começando a emergir do inconsciente, e que demanda atenção. Esse estado do povo hebreu descreve, metaforicamente, o estado psicológico do ser humano que está sendo chamado para realizar a jornada de individuação, a jornada do herói.

Do ponto de vista do indivíduo, essa jornada de individuação vai expandir seu Ego. Quando você está estagnado, você tem que buscar algo novo, sair em uma jornada de herói. Se você se entrega ao *status quo*, só lhe resta esperar a morte. A vida exige que, como alternativa à estagnação — para não se sentir frustrado, escravizado como o povo hebreu no Egito —, você busque o caminho da individuação. O herói é, portanto, o mediador entre o Ego e o *Self* — o ser divino dentro de você —, que personifica a necessidade de se iniciar uma jornada em busca da individuação.

Essas condições adversas propiciaram o aparecimento do herói no mito bíblico — Moisés —, que veio para mudar o *status quo* do povo hebreu. Essa é exatamente a função do herói — trazer uma transformação para seu povo, para a sociedade, permitindo que o progresso vença a inércia dos costumes e das convenções que a dominam. A função de Moisés é tirar seu povo da escravidão.

A vida de Moisés, depois de seu nascimento e sua milagrosa sobrevivência, volta a ser contada no Êxodo, quando ele, já com 40 anos, mata um feitor egípcio:

Êxodo — capítulo 2

11 Passaram os anos. Moisés cresceu e saiu para ver seus irmãos. E notou que eram submetidos a trabalhos forçados. Viu também que um dos seus irmãos hebreus estava sendo maltratado por um egípcio. 12 Olhou para um lado e para outro, e vendo que não havia ninguém, matou o egípcio e o enterrou na areia. 13 No dia seguinte, Moisés saiu e encontrou dois hebreus brigando. E disse para o agressor: "Por que você está ferindo seu próximo?" 14 Ele respondeu: "E quem foi que nomeou você para ser chefe e juiz sobre nós? Está querendo me matar como matou o egípcio ontem?" Moisés sentiu medo e pensou: "Certamente a coisa já é conhecida." 15 O Faraó ouviu falar do fato e procurou matar Moisés. Moisés, porém, fugiu do Faraó e se refugiou no país de Madiã. E aí se sentou junto a um poço.

Quando você está destinado a ser herói, a seguir sua jornada de individuação, não se sente confortável com regras e costumes, que representam o *status quo* anterior que você pretende transformar. Moisés, mesmo estando pessoalmente em situação confortável — como filho adotivo da filha do Faraó —, se revolta contra a opressão aos hebreus e mata o feitor, aquele que impõe as regras.

Essa insubordinação contra as regras e costumes pode transformar o herói em potencial em um criminoso. Um exemplo é o do herói de guerra que, voltando para sua pátria, se transforma em um desajustado ou mesmo em um criminoso. Não encontrando formas de expressar sua discordância contra a situação — as regras e costumes da sociedade —, ele se revolta contra o sistema, podendo se transformar em um Martin Luther King — um herói, lutando por causa reconhecida — ou em um desajustado, ou criminoso comum — um herói sem causa. Nesse último caso, a palavra herói não carrega conotação positiva. Denota apenas o tipo de jornada, a luta contra as leis, as tradições — atribuição do herói —, sem considerar se essa luta se justifica moralmente.

Moisés foge do Egito e vai viver como pastor com seu sogro em Madiã. Um dia em que levou o rebanho para um lugar distante, ele tem um encontro com Javé.

Êxodo — capítulo 3
1 Moisés estava pastoreando o rebanho do seu sogro Jetro, sacerdote de Madiã. Levou as ovelhas além do deserto e chegou ao Horeb, a montanha de Deus. 2 O anjo de Javé apareceu a Moisés numa chama de fogo do meio de uma sarça. Moisés prestou atenção: a sarça ardia no fogo, mas não se consumia. 3 Então Moisés pensou: "Vou chegar mais perto e ver essa coisa estranha: por que será que a sarça não se consome?" 4 Javé viu Moisés que se aproximava para olhar. E do meio da sarça Deus o chamou: "Moisés, Moisés!" Ele respondeu: "Aqui estou." 5 Deus disse:

"Não se aproxime. Tire as sandálias dos pés, porque o lugar onde você está pisando é um lugar sagrado." 6 E continuou: "Eu sou o Deus de seus antepassados, o Deus de Abraão, o Deus de Isaac, o Deus de Jacó." Então Moisés cobriu o rosto, pois tinha medo de olhar para Deus.

Moisés ia receber um chamado para iniciar sua jornada de herói.

Êxodo — capítulo 3
7 Javé disse: "Eu vi muito bem a miséria do meu povo que está no Egito. Ouvi o seu clamor contra seus opressores, e conheço os seus sofrimentos. 8 Por isso, desci para libertá-lo do poder dos egípcios e para fazê-lo subir dessa terra para uma terra fértil e espaçosa, terra onde corre leite e mel, o território dos cananeus, heteus, amorreus, ferezeus, heveus e jebuseus. 9 O clamor dos filhos de Israel chegou até mim, e eu estou vendo a opressão com que os egípcios os atormentam. 10 Por isso, vá. Eu envio você ao Faraó, para tirar do Egito o meu povo, os filhos de Israel."

Moisés resistiu ao chamado; não lhe agradava a tarefa de desafiar o poderoso faraó. Essa resistência em seguir a jornada do herói é comum — o ser humano resiste às grandes mudanças. Nos mitos universais nem sempre o herói aceita o repto na primeira chamada. Moisés tentou escapar:

Êxodo — capítulo 3
1 Então Moisés disse a Deus: "Quem sou eu para ir até o Faraó e tirar os filhos de Israel lá do Egito?" 12 Deus respondeu: "Eu estou com você, e este é o sinal de que eu o envio: quando você tirar o povo do Egito, vocês vão servir a Deus nesta montanha." 13 Moisés replicou a Deus: "Quando eu me dirigir aos filhos de Israel, eu direi: 'O Deus dos antepassados de vocês me enviou até vocês'; e se eles me perguntarem: 'Qual é o nome dele?' O que é que eu vou responder?" 14 Deus

> disse a Moisés: "Eu sou aquele que sou." E continuou: "Você falará assim aos filhos de Israel: 'Eu Sou me enviou até você.'" 15 Deus disse ainda a Moisés: "Você falará assim aos filhos de Israel: 'Javé, o Deus dos antepassados de vocês, o Deus de Abraão, o Deus de Isaac, o Deus de Jacó, foi quem me enviou até vocês.' Esse é o meu nome para sempre, e assim eu serei lembrado de geração em geração." 16 "Vá, reúna os anciãos de Israel e diga a eles: 'Javé, o Deus dos antepassados de vocês, o Deus de Abraão, o Deus de Isaac, o Deus de Jacó, ele me apareceu e disse: Eu vim ver vocês e como estão tratando vocês aqui no Egito. 17 Então eu disse: Eu decidi tirar vocês da opressão egípcia e levá-los para a terra dos cananeus, heteus, amorreus, ferezeus, heveus e jebuseus, para uma terra onde corre leite e mel.' 18 Os anciãos de Israel darão ouvidos a você. Então você irá com eles até o rei do Egito e lhe dirá: 'Javé, o Deus dos hebreus, veio ao nosso encontro. Por isso, deixe-nos agora fazer uma viagem de três dias no deserto, para oferecermos sacrifícios a Javé nosso Deus.' 19 Entretanto, eu sei que o rei do Egito não os deixará ir, se não for obrigado por mão forte. 20 Portanto, vou estender a mão e ferir o Egito com todas as maravilhas que farei no país. Então ele deixará vocês partir. 21 Farei com que o povo conquiste a simpatia dos egípcios, de modo que, ao partir, não saiam de mãos vazias. 22 As mulheres pedirão a suas vizinhas e às donas-de-casa, com quem estiverem alojadas, objetos de prata e ouro e roupas para vestir seus filhos e filhas; assim, vocês vão despojar os egípcios."

O que aconteceria ao ser humano, que recebe o chamado, mas se recusa a atendê-lo? Ao não abraçar a causa, a pessoa pode passar a ter uma vida vazia, pode se refugiar nas drogas, chegar à criminalidade e mesmo ao suicídio.

O herói sem causa foi tema de um filme famoso — *Juventude Transviada* —, estrelado por James Dean. Mesmo na vida real, Dean parecia ser um herói sem causa, e sua vida vazia o levou a tomar grandes riscos com sua motocicleta, o que causou sua morte. Esse é um problema da vida moderna, e por isso mesmo o filme fez tanto sucesso. O jovem, sentindo a vida vazia, sem mitos e sem rituais, que nas sociedades primitivas garantiam a estabilidade da sociedade, com a falência da Igreja, sente o chamado para crescer, mas não sabe como, não sabe o que fazer.

A tarefa do herói é realmente grandiosa, apavorante. Ir ao faraó para exigir a libertação do povo hebreu poderia lhe custar a vida. Moisés levanta novos argumentos para se livrar do encargo, que sabe ser perigoso. A jornada do herói tem muitos perigos, mas, depois de chamado, ele não mais pode se esquivar. Se o fizer, terá problemas por toda sua vida, viverá frustrado ou neurótico. Existem exemplos de indivíduos chamados a serem xamãs que recusaram o chamado e ficaram perturbados.

Êxodo — capítulo 4

1 Moisés replicou: "E se eles não acreditarem em mim, nem fizerem caso, dizendo: 'Javé não apareceu a você?'" 2 Javé perguntou-lhe: "O que você tem aí na mão?" Moisés respondeu: "Uma vara." 3 Então Javé lhe disse: "Jogue-a no chão." Moisés jogou a vara no chão e ela se transformou em cobra. Moisés, assustado, saiu correndo. 4 Javé disse a Moisés: "Estenda a mão e pegue-a pela cauda." Ele estendeu a mão, pegou-a pela cauda e ela se transformou em vara. 5 Então Javé disse: "Isso é para acreditarem que Javé, o Deus dos antepassados deles, o Deus de Abraão, o Deus de Isaac, o Deus de Jacó, apareceu a você." 6 Javé disse-lhe ainda: "Coloque a mão no peito." Moisés colocou a mão no peito; ao retirá-la, a mão estava leprosa, branca como a neve. 7 Javé lhe disse: "Coloque de novo a mão no peito." Moisés colocou de novo a mão no peito e, ao retirá-la, estava normal como o resto do corpo. 8 E Javé disse: "Se eles não acreditarem e não fizerem caso de você no primeiro sinal, acreditarão em você no segundo. 9 Se não acreditarem nem fizerem caso de você em nenhum dos dois

sinais, pegue água do rio Nilo e derrame-a na terra seca: a água que você pegar do rio se transformará em sangue sobre a terra seca." 10 Moisés insistiu com Javé: "Meu Senhor, eu não tenho facilidade para falar, nem ontem, nem anteontem, nem depois que falaste ao teu servo; minha boca e minha língua são pesadas." 11 Javé replicou: "Quem dá a boca para o homem? Quem o torna mudo ou surdo, capaz de ver ou cego? Não sou eu, Javé? 12 Agora vá, e eu estarei em sua boca e lhe ensinarei o que você há de falar." 13 Moisés, porém, insistiu: "Não, meu Senhor, envia o intermediário que quiseres." 14 Javé ficou irritado com Moisés e lhe disse: "Você não tem o seu irmão Aarão, o levita? Sei que ele sabe falar bem. Ele está vindo ao seu encontro e ficará alegre em ver você. 15 Você vai falar com ele e transmitirá a ele as mensagens. Eu estarei na sua boca e na dele, e ensinarei a vocês o que deverão fazer. 16 Ele falará ao povo no lugar de você: ele será a sua boca, e você será um deus para ele. 17 Pegue esta vara na mão: é com ela que você fará os sinais."

Moisés sentiu que não tinha saída. Confrontar-se com o faraó era terrível. Confrontar-se com Javé seria inimaginável. Moisés vai ao faraó, que, como era de esperar, recusa o pedido. Só com ameaças mais sérias ele iria ceder. O Senhor resolve enviar dez pragas ao povo egípcio. O episódio das pragas tem uma passagem estranha, que chama especial atenção.

Êxodo — capítulo 7

1 Javé disse a Moisés: "Veja! Eu faço você como um deus para o Faraó, e seu irmão Aarão será seu profeta. 2 Você falará tudo o que eu mandar, e seu irmão Aarão falará ao Faraó, para que este deixe os filhos de Israel partir de sua terra. 3 Eu, porém, vou endurecer o coração do Faraó, e multiplicarei sinais e prodígios no país do Egito. 4 O Faraó não vai ouvir vocês; e, então, eu colocarei a minha mão em cima do Egito e tirarei do Egito os meus exércitos, o meu povo, os filhos de Israel, fazendo solene justiça. 5 Desse modo, os egípcios saberão que

eu sou Javé, quando eu estender a minha mão em cima do Egito e fizer os filhos de Israel sair do meio deles." 6 Moisés e Aarão fizeram exatamente o que Javé tinha ordenado. 7 Quando falaram ao Faraó, Moisés tinha oitenta anos, e Aarão oitenta e três.

Porque o Senhor tornava a árdua tarefa de Moisés mais complicada e perigosa, endurecendo o coração do faraó? Somente para mostrar seu poder? A jornada de individuação é uma tarefa complicada, cheia de riscos perigos e incertezas, e o *Self* não a faz mais simples. Parece querer sempre testar a coragem e persistência dos que se iniciaram na jornada.

Finalmente, depois da décima praga, o faraó cede, e os hebreus começam seu êxodo do Egito. Mas o Senhor os acompanhava, guiando-os:

Êxodo — capítulo 13

17 Quando o Faraó deixou o povo partir, Deus não o guiou pelo caminho da Palestina, que é o mais curto, porque Deus achou que, diante dos ataques, o povo se arrependeria e voltaria para o Egito. 18 Então Deus fez o povo dar uma volta pelo deserto até o mar Vermelho. Os filhos de Israel saíram do Egito bem armados. 19 Moisés levou consigo os ossos de José, pois este havia feito os filhos de Israel jurar solenemente: "Quando Deus intervier em favor de vocês, levem meus ossos daqui." 20 Partiram de Sucot e acamparam em Etam, à beira do deserto. 21 Javé ia na frente deles: de dia, numa coluna de nuvem, para guiá-los; de noite, numa coluna de fogo, para iluminá-los. Desse modo, podiam caminhar durante o dia e a noite. 22 De dia, a coluna de nuvem não se afastava do povo, nem de noite a coluna de fogo.

Porém novamente Javé fala com seu povo:

Êxodo — capítulo 14

1 Javé falou a Moisés: 2 "Diga aos filhos de Israel que voltem e acampem em Piairot, entre Magdol e o mar, diante de Baal Sefon; aí vocês

acamparão, junto ao mar. 3 O Faraó irá pensar que os filhos de Israel andam errantes pelo país e que o deserto os bloqueou. 4 Eu endurecerei o coração do Faraó, que os perseguirá. Então eu mostrarei a minha honra, derrotando o Faraó e todo o seu exército; e os egípcios saberão que eu sou Javé." E os filhos de Israel assim fizeram.

O *Self* volta a criar problemas para o Ego que, seguindo suas exortações, busca se individuar. Mais uma vez fica patente que a jornada de individuação é perigosa, precária e cheia de obstáculos.

Deuteronômio — capítulo 3

23 Então eu implorei a Javé: 24 "Javé, meu Senhor! Começaste a mostrar ao teu servo tua grandeza e a força de tua mão. Qual é o deus, no céu e na terra, que pode realizar obras e feitos tão poderosos como os teus? 25 Deixa-me passar. Deixa-me ver a boa terra que está do outro lado do Jordão, essa boa serra e o Líbano." 26 Javé, porém, estava irritado comigo por causa de vocês, e não me atendeu. Ele apenas me disse: "Chega! Não me fale mais nada sobre isso. 27 Suba até o alto do Fasga, levante seus olhos para o oeste, para o norte, para o sul e para o leste, e contemple com seus próprios olhos, porque você não atravessará o Jordão."

Moisés, o maior herói bíblico, não completou sua jornada de individuação. Javé não lhe permitiu entrar na Terra Prometida. Como poderíamos entender isso? O processo de individuação é uma jornada em que a meta está sempre à frente. A Terra Prometida, sendo a meta, nunca será atingida.

CAPÍTULO 19

Jônatas: o filho de Saul

Jônatas, filho de Saul, é uma figura importante na história de Davi. Ele é seu amigo, o admira e busca defendê-lo dos desígnios assassinos de seu pai. Como filho de Saul, Jônatas seria seu sucessor natural, mas parece intuir que Davi poderia ser melhor rei do que ele e mostra total desprendimento com relação à sucessão de seu pai. A sede de poder, que destruiu Samuel, não atinge Jônatas, que, a exemplo de Saul quando convocado por Samuel, não quer ser rei.

1 Samuel — capítulo 23
16 Jônatas, filho de Saul, foi encontrar-se com Davi em Horesa e o encorajou em nome de Deus. 17 Jônatas lhe disse: "Não tenha medo, porque a mão de meu pai Saul não o alcançará. Você reinará sobre Israel, e eu serei o segundo. Até meu pai Saul sabe disso." 18 E os dois fizeram um pacto diante de Javé. Davi ficou em Horesa, e Jônatas voltou para casa.

Dos quatro personagens principais dessa história — Samuel, Saul, Davi e Jônatas —, Jônatas, o menos importante, é o mais lúcido. Jônatas tinha tudo para suceder o pai. Coragem não lhe faltava. A Bíblia conta como ele, acompanhado somente por um escudeiro, atacou uma guarnição de filisteus, matando 20 homens, instaurando o pânico entre as tropas inimigas, levantando o moral dos hebreus e dando início a um vitorioso ataque de suas tropas.

1 Samuel — capítulo 14

1 Certo dia, Jônatas, filho de Saul, disse a seu escudeiro: "Vamos até a guarnição dos filisteus que está do outro lado." Mas Jônatas nada comunicou a seu pai. 2 Saul estava na fronteira de Gaba, sentado debaixo da romãzeira que fica perto da eira, e com ele estava uma tropa de aproximadamente seiscentos homens. 3 Quem levava o efod era Aías, filho de Aquitob, irmão de Icabod, filho de Finéias, filho de Eli, sacerdote de Javé em Silo. Ninguém percebeu que Jônatas havia partido. 4 No desfiladeiro, que Jônatas procurava atravessar para chegar até a guarnição filistéia, havia dois morros: um se chamava Boses e o outro Sene. 5 O primeiro morro fica ao norte e o outro ao sul; o primeiro olha para Macmas, o segundo para Gaba. 6 Jônatas disse ao seu escudeiro: "Vamos até o lugar onde estão esses incircuncisos. Quem sabe Javé faça alguma coisa por nós, pois nada impede que Javé nos dê a vitória, não importa se somos muitos ou poucos." 7 O escudeiro respondeu: "Faça o que você quiser; estou à sua disposição." 8 Jônatas disse: "Veja! Vamos na direção deles e deixaremos que nos vejam. 9 Se nos disserem: 'Não se movam até que cheguemos perto', então ficaremos parados e não avançaremos até eles. 10 Mas se nos disserem: 'Subam até aqui', então subiremos, porque Javé os está entregando em nossas mãos. Esse será o sinal." 11 Os dois deixaram que a guarnição filistéia os visse, e os filisteus comentaram: "Vejam! Alguns hebreus saíram das cavernas, onde estavam escondidos!" 12 Os da guarnição disseram a Jônatas e seu escudeiro: "Subam até aqui. Temos uma coisa para lhes contar." Então Jônatas disse ao

> escudeiro: "Fique atrás de mim, porque Javé os entregou nas mãos de Israel." 13 Jônatas subiu rastejando e seu escudeiro o seguiu. Jônatas os feria, e o escudeiro acabava de matá-los. 14 Foi a primeira matança que Jônatas e seu escudeiro realizaram: cerca de vinte homens, em pequeno espaço de terreno. 15 O terror se espalhou no acampamento, na região e em toda a tropa filistéia. A guarnição e os comandos de ataque ficaram com medo, a terra tremeu, e houve grande pânico.

Quantas pessoas, com a possibilidade de se tornarem reis — ou presidentes, ou governadores, ou presidentes de grandes empresas ou de grandes instituições —, recusam oportunidades que lhes trazem maior poder? Quantas pessoas sabem reconhecer sua vocação, escolher seu caminho na vida? Provavelmente poucas, muito poucas.

Especialmente na primeira metade da vida, aquela em que nossa tarefa é fortalecer o Ego em seu domínio do mundo, a tendência é escolher nossa carreira em função das influências da família e do meio em que vivemos. Não é comum o jovem ter uma escolha que contrarie seus familiares ou o ambiente em que vive. Eu, por exemplo, me tornei engenheiro por influência de meu pai, descobrindo apenas algum tempo depois não ser aquela a carreira que me faria mais feliz.

Gabriel, filho de amigos meus, foi mais rápido do que eu. Depois de se formar em economia, para atender ao pedido da mãe, presenteou-a com o diploma dizendo: "Fiz o que você queria, me formei, mas agora vou fazer o que eu quero. Vou ser músico." Hoje ele tem sua banda, ainda nascente, ainda lutando com dificuldades, mas está feliz. Será que estaria realizado trabalhando em uma empresa? Duvido.

Nem sempre nossas escolhas, feitas na primeira metade da vida, são compatíveis com o que o *Self* tem programado para nós. E fugir do que o *Self* espera para nós custa caro, custa caro em sofrimento. Ésquilo, o primeiro grande autor das tragédias gregas, dizia que fugir do programa que os deuses têm para nossa vida é causa de muita dor. Mas, tudo indica, só a dor nos traz sabedoria. Só ela é capaz de nos mostrar o que a vida espera de nós.

Será que a semente de carvalho pode ser outra coisa senão um carvalho? Será que o filhote de águia tem a alternativa senão voar? O peixinho, senão nadar?

O homem, a quem Deus concedeu o livre-arbítrio, pode ter escolhas. Certas escolhas, não todas. A presença, em um determinado ser humano, da liberdade de arbítrio depende de fatores constitucionais e ambientais, que, quando ausentes, podem ter por resultado a geração de oligofrênicos, demenciados, psicóticos, psicopatas e neuróticos, cuja característica principal é, exatamente, a deficiência, menos ou mais grave, de arbítrio, impedindo-os de escolher.

Se o ser humano errar, vai pagar com sofrimento. Acredito que a condição de uma vida feliz está em se ter a sabedoria de escolher o caminho que o *Self* programou para cada um de nós. O problema é que dificilmente temos a sabedoria para descobrir o caminho certo, sem antes passar por erros, provações, crises, depressões. Salvo honrosas exceções, só atinamos com tal caminho na segunda metade de nossa vida, após termos enfrentado tais provações. Mesmo assim, muitos são os que fracassam nesse enfrentamento, e que tentam, inutilmente, vencer sua depressão existencial buscando mais e mais sucesso no caminho que previamente escolheram e que, na verdade, jamais os satisfará.

O ser humano é o único animal que se entrega à difícil tarefa de buscar um sentido para sua vida e, na verdade, só encontra sua felicidade se, mediante a auto-reflexão, o estudo dos mitos, das metáforas e dos símbolos contidos em todas as grandes religiões, a essa busca se entrega. Na verdade, buscar o sentido da vida, encontremo-lo ou não, é o que dá sentido a ela. Para isso aponta o já citado Campbell, quando afirma: "A vida é desprovida de sentido. Você dá sentido a ela."

Platão afirmava: "Uma vida sem reflexão não vale a pena ser vivida." Porém a associação entre, de um lado, auto-reflexão e sabedoria e, de outro, felicidade merece um contraditório, que pode ser introduzido pela proposta de Fernando Pessoa de que "Pensar é estar doente" e é reforçada pelos seguintes versos do mesmo Pessoa, sob o heterônimo de Álvaro de Campos:

> Come chocolates, pequena;
> Come chocolates!
> Olha que não há mais metafísica no mundo senão chocolates.
> Olha que as religiões todas não ensinam mais do que a confeitaria.
> Come, pequena suja, come!
> Pudesse eu comer chocolates com a mesma verdade com que comes!
> Mas eu penso e, ao tirar o papel de prata, que é de folha de estanho,
> Deito tudo para o chão, como tenho deitado a vida.

Esse contraditório sugere que, quando colocamos a sabedoria como condição *sine qua non* da felicidade humana, confessamos apenas estar em uma condição, interna ou externa, que nos impede de sermos felizes. Resta-nos a esperança de que a sabedoria nos tire dessa condição. O fato é que alguns, como a menininha dos chocolates, podem ser felizes sem ter sabedoria. Muitas pessoas se referem à própria infância como o período mais feliz de suas vidas, época em que não éramos mais sábios ou mais aplicados na procura do sentido da vida.

As nossas crises — crises geradas pelo *Self*, pelas forças do inconsciente — podem sempre ser postas a serviço do crescimento e da busca de sabedoria. Estão sempre nos desafiando a buscar o caminho da individuação, mesmo que o Ego se recuse a colaborar.

Nosso estilo de vida, a escolha de nossa profissão, podem prejudicar nossa jornada de individuação. Uma vida sem a busca de seu sentido limita nosso crescimento e nosso progresso naquela jornada, que ocorre essencialmente não fora, mas dentro de nós.

Jesus, no Evangelho de Tomás, disse: "Se você traz para fora o que está dentro de você, o que você trouxer irá salvá-lo, mas se você não traz para fora o que está dentro de você, o que você não traz vai destruí-lo."

Shakespeare disse: "Não existe prisão mais terrível do que aquela em que você não sabe que está preso." Se não temos consciência do material que está em nosso inconsciente, esse material pode nos escravizar.

Jung disse: "Eu vejo freqüentemente pessoas se tornarem neuróticas quando se contentam com respostas inadequadas ou erradas para as questões da vida. Elas buscam posições, casamento, reputação, sucesso exterior ou dinheiro e permanecem infelizes e neuróticas mesmo quando atingem o que buscavam. Essas pessoas estão usualmente contidas em um horizonte espiritual estreito. Suas vidas não têm conteúdo suficiente, significado suficiente. Se eles conseguem desenvolver personalidades mais amplas, a neurose geralmente desaparece."

Como seguir o que o *Self* planeja para nós? Como escolher a atividade mais adequada para nosso progresso na jornada de individuação? Repetindo Campbell: "*Follow your bliss.*" Como traduzir *bliss*? O dicionário Michaelis propõe: "1. felicidade, alegria, êxtase. 2. beatitude, bem-aventurança. 3. causa de alegria ou felicidade." Eu proporia: "Siga sua intuição."

Jônatas não quis ser rei. A Bíblia não menciona sua idade, mas ele era um jovem sábio. Ele sabia o que era bom para ele, qual o caminho que lhe era reservado. Infelizmente morreu cedo. Saul perdeu a batalha contra os filisteus que, provavelmente, poderia ter sido ganha, estivesse ele aliado a Davi. Pai e filho não sobreviveram.

CAPÍTULO 20

Salomão: o rei sábio

O primeiro filho de Davi com Betsabéia, gerado quando Urias era vivo, morreu, mas eles tiveram outro filho. Salomão, filho de Davi e Betsabéia, mesmo sendo o mais novo dos filhos de Davi, sucedeu-o no trono, ajudado por intrigas da corte e, talvez, pelo amor de Davi por sua mãe. Salomão é um caso atípico de um ser humano que já era sábio quando ainda jovem. Será que tais pessoas existem na vida real? Vejamos o que nos conta a Bíblia.

1 Reis — capítulo 3

4 O rei foi a Gabaon para oferecer sacrifícios, porque esse lugar alto era o mais importante de todos. E Salomão ofereceu mil holocaustos sobre esse altar. 5 Em Gabaon, durante a noite, Javé apareceu em sonhos a Salomão. Deus lhe disse: "Peça. O que lhe posso dar?" 6 Salomão respondeu: "Tu demonstraste grande amor para com o teu servo Davi, meu pai, porque, diante de ti, ele caminhou na fidelidade, na justiça e na retidão de coração para contigo. Tu guardaste para com ele esse grande

amor e lhe deste um filho que hoje se assenta no trono dele. 7 Agora, Javé meu Deus, és tu que fazes teu servo reinar no lugar de meu pai Davi. Eu sou bem jovem e não sei como governar. 8 O teu servo se encontra no meio do teu povo que escolheste, povo numeroso que não se pode contar nem calcular, de tão grande que é. 9 Ensina-me a ouvir, para que eu saiba governar o teu povo e discernir entre o bem e o mal. Pois quem poderia governar esse teu povo tão numeroso?" 10 Agradou ao Senhor que Salomão tivesse pedido essas coisas. 11 Então Deus disse para ele: "Porque você pediu isso, e não vida longa para você, nem riquezas, nem a morte de seus inimigos, mas discernimento para ouvir e julgar, 12 eu farei o que você pediu. Darei a você mente sábia e inteligente, como ninguém teve antes de você e ninguém terá depois. 13 Eu lhe darei também o que você não pediu: riqueza e fama, de modo que não haverá nenhum rei que se iguale a você, durante toda a sua vida. 14 E se você andar nos meus caminhos, observando meus estatutos e mandamentos, como fez o seu pai Davi, eu lhe darei vida longa." 15 Então Salomão acordou e percebeu que tudo isso tinha sido um sonho. Foi para Jerusalém e ficou diante da arca de Javé. Em seguida, ofereceu holocaustos, sacrifícios de comunhão e deu para toda a sua corte um banquete.

O pedido de Salomão ao Senhor foi que Ele lhe desse sabedoria. Realmente foi atendido — a sabedoria de Salomão se tornou legendária. A Bíblia conta como Salomão conseguiu resolver com extrema sagacidade a disputa entre duas mulheres por uma criança.

1 Reis — capítulo 3

16 Duas prostitutas foram até o rei e se apresentaram. 17 Uma das mulheres disse: "Meu senhor, eu e esta mulher moramos na mesma casa. Eu tive um filho. 18 Três dias depois que dei à luz, ela também teve uma criança. Não havia mais ninguém conosco. Nós estávamos sozinhas na casa. 19 Aconteceu que certa noite essa mulher se deitou

sobre o próprio filho, e ele morreu. 20 Ela se levantou durante a noite e, enquanto eu dormia, pegou o meu filho que estava junto comigo, e o colocou ao lado dela. Depois, colocou do meu lado o seu filho morto. 21 Quando acordei de manhã, para dar de mamar ao meu filho, vi que estava morto. Olhei bem e notei que não era o filho que eu tinha dado à luz." 22 A outra mulher retrucou: "Não é verdade! O meu filho está vivo. É o dela que morreu." A primeira contestou: "É mentira! Seu filho está morto e o meu está vivo." E começaram a discutir diante do rei. 23 Então o rei interveio: "Uma diz: 'Meu filho está vivo e o seu está morto.' A outra diz: 'Mentira! Seu filho está morto e o meu está vivo.'" 24 Então o rei ordenou: "Tragam uma espada." E levaram uma espada. 25 O rei disse: "Cortem o menino vivo em duas partes e dêem metade para cada uma." 26 Então a mãe do menino vivo sentiu as entranhas se comoverem pelo filho, e suplicou: "Meu senhor, dê a ela o menino vivo. Não o mate." A outra, porém, dizia: "Nem para mim, nem para você. Dividam o menino pelo meio." 27 Então o rei deu a sentença: "Entreguem o menino vivo à primeira mulher. Não o matem. Ela é a sua mãe." 28 Todo Israel ficou sabendo da sentença que o rei tinha dado. E o respeitavam, pois viram que ele possuía sabedoria divina para fazer justiça.

Com toda essa inteligência, com todos os dons que lhe foram graciosamente concedidos por Javé, a vida de Salomão não teria muito a nos ensinar, pobres mortais que somos, que muito temos que lutar para avançar em nossa jornada de individuação, sem que nada nos caia gratuitamente dos céus. Porém, no fim de sua vida, a jornada de Salomão entra em um desvio, e isso nos traz uma importante lição. Voltemos à Bíblia.

1 Reis — capítulo 11

1 Além da filha do Faraó, o rei Salomão amou muitas mulheres estrangeiras: moabitas, amonitas, edomitas, sidônias e hetéias. 2 Essas

> mulheres pertenciam àquelas nações, das quais Javé tinha dito aos israelitas: "Vocês não entrarão em contato com elas, nem elas entrarão em contato com vocês. Do contrário, elas acabarão desviando o coração de vocês para os deuses delas." Salomão, porém, se enamorou perdidamente por elas: 3 teve setecentas esposas e trezentas concubinas. 4 Quando ficou velho, as mulheres desviaram o coração dele para os deuses estrangeiros. E o coração de Salomão já não pertencia inteiramente a Javé seu Deus como o coração de seu pai Davi. 5 Salomão seguiu Astarte, deusa dos sidônios, e Melcom, ídolo dos amonitas. 6 Fez o que Javé reprova, e não foi plenamente fiel a Javé, como seu pai Davi. 7 Salomão construiu um santuário para Camos, ídolo dos moabitas, no monte a leste de Jerusalém, e um santuário para Melcom, ídolo dos amonitas. 8 Fez o mesmo para suas mulheres estrangeiras, que queimavam incenso e ofereciam sacrifícios aos deuses delas. 9 Javé ficou irritado contra Salomão, porque este havia desviado o seu coração para longe de Javé, o Deus de Israel, que lhe tinha aparecido duas vezes 10 e havia proibido expressamente que Salomão seguisse outros deuses. Salomão, porém, não obedeceu ao que Javé lhe tinha ordenado. 11 Então Javé disse a Salomão: "Você está se comportando assim e não observa minha aliança e as ordens que lhe dei. Pois bem! Vou tirar-lhe o reino e entregá-lo a um de seus servos. 12 Não farei isso enquanto você estiver vivo, em consideração a seu pai Davi. Eu arrancarei o reino da mão de seu filho. 13 Não tirarei o reino todo; deixarei a seu filho uma tribo, em consideração a meu servo Davi e a Jerusalém, a cidade que escolhi."

Qual a lição que fica desse desvio de Salomão, o mais sábio dos homens? A individuação não é uma meta, mas uma jornada por caminhos tortuosos, que avançam e retrocedem. Nunca podemos dizer que agora estamos individuados, que a jornada terminou, que o problema está resolvido para nós. A jornada só termina com a morte. E também admite retrocesso, como no caso de Salomão, o mais sábio dos homens, como já vimos no caso de Noé, Abraão, Jacó e outros.

Já mencionamos o caso de Bhagwan Shree Rajneesh, popularmente conhecido como Osho, que foi morar nos Estados Unidos, onde, adulado e rico, teve um desfecho de vida semelhante ao de Salomão. É difícil suportar a pressão da adoração e do dinheiro fácil.

Fica a lição: nunca podemos nos descuidar de nossa jornada de individuação. Devemos sempre buscar a luz, a maior consciência. "Luz, mais luz" teriam sido as últimas palavras atribuídas a Goethe em seu leito de morte.

PARTE G

A luta do Bem e do Mal

O problema do mal vem dando o que pensar aos seres humanos através dos tempos. Como um Deus bom e onipotente pode permitir o mal? Ou não será Deus bom? Ou não será Deus onipotente? Ou existe qualquer outra explicação? A serpente, tradicional símbolo da sabedoria, teoricamente má, veio trazer a consciência aos seres humanos. Goethe colocou na boca de Mefistófeles: "Sou parcela do Além, força que cria o mal e também faz o bem." O bem feito por Lúcifer, o anjo caído, que deveria ser, como seu nome indica, o portador da luz, da consciência? Por que iria Deus brincar com a felicidade de Jó, seu fiel servo, apenas por ter sido desafiado por Satã? Para que Lúcifer, ainda que indiretamente, pudesse realizar sua tarefa de trazer Jó para a luz? Logo veremos.

CAPÍTULO 21

Jó: um homem nas mãos de Satã

O Livro de Jó nos relata simbolicamente, como em outras histórias da Bíblia, um encontro entre o Ego e o *Self*. Nele, Javé e Satanás, dois aspectos do *Self*, trabalham juntos. O Livro de Jó é considerado por Jung como o pivô do Velho Testamento, pois pela primeira vez Javé entra em discussão direta com um indivíduo. Em casos anteriores, com Abraão, Jacó, Moisés e outros, ele estava se dirigindo menos ao indivíduo e mais ao representante do povo eleito.

Um ponto que chama a atenção no Livro de Jó é o papel relevante desempenhado por Satanás. Anteriormente, o Príncipe do Mal quase não aparece nos livros do Velho Testamento, exceto de forma pouco importante em Zacarias 3.2 e no Salmo 109. No Livro de Jó, ele é o catalisador de todo o drama, o que nos leva a afirmar que o tema central dessa história da Bíblia é a luta entre o bem e o mal. Porém o que esse livro também retrata é o diálogo — às vezes áspero e contundente — entre o Ego e o *Self*.

Como já dissemos, e como se pode deduzir pelos atos de Javé no Velho Testamento, Javé não é um Deus exclusivamente bom. Ele é um Deus completo, englobando o bem e o mal, ainda que de modo inconsciente. No Novo Testamento, quando o cristianismo postula o Deus bom, a figura de Satanás aparece com muito maior freqüência.

Satanás, ao ter a iniciativa de provocar a quebra do estado de acomodação psicológica em que se encontrava Jó, é o elemento dinâmico que o empurra na sua jornada de individuação, que parecia estar estancada. O Anjo do Mal, nesse episódio, trabalha realmente como o caído Lúcifer, cujo nome significa "aquele que traz a luz". O ser humano, quando está feliz, não tem motivação para pensar e muito menos para mudar sua vida. Talvez necessite de uma ajuda de Satanás para forçá-lo a prosseguir em sua jornada. Lembremos a cobra que tentou Eva, cumprindo a missão de iniciar os seres humanos na busca pela consciência, causando a expulsão dos nossos primeiros ancestrais do Jardim do Éden. O *Self* precisa que a jornada de individuação prossiga. Sendo ele o arquétipo maior, que orienta toda a psique humana, quer ascender cada vez mais à luz da consciência, para melhor cumprir sua missão.

A estrutura do Livro de Jó, com muitos diálogos entre Jó e seus quatro amigos, e posteriormente com Javé, se assemelha a um trabalho de Imaginação Ativa, método desenvolvido por Jung para que o Ego possa ter um diálogo, uma troca e negociação, com as figuras — os *daimones* — que povoam o inconsciente de todo ser humano. Através do diálogo, da negociação, podemos melhorar a harmonia do Ego com as outras personalidades de seu inconsciente, permitindo um avanço no processo de conscientização.

De todos os livros da Bíblia, talvez o de Jó seja o que afetou Jung mais profundamente. Ele escreveu *Resposta a Jó*, em que toma as imagens ali presentes como reais do ponto de vista da psique, nelas buscando lições para o desenvolvimento de nossa consciência.

Jung considera que o Livro de Jó representa um ponto de transição importante do mito judaico-cristão, em que o ser humano ganha, pela primeira vez, uma percepção direta da natureza de Deus. Jung vai além, afirmando que isso obrigou Javé a dar passos na direção de sua humanização, buscando tornar-se mais consciente do ser humano. Como resultado, temos sua reencarnação em Cristo. Não sei se Jung teria ido longe demais em suas conclusões, mas o fato é que o Livro de Jó nos mostra claramente um salto na conscientização do Ego humano, que absorve uma parte anteriormente desconhecida do *Self*.

A análise que Jung faz do Livro de Jó é complexa e provoca uma advertência de sua parte: "Não estou escrevendo para os crentes, que já possuem toda a verdade, mas para os não-crentes, mas inteligentes, que querem entender." Segundo ele, os crentes estão contidos em sua crença religiosa, o que bloqueia a consideração de qualquer opinião divergente.

Vamos então ao livro. Jó é um homem próspero, feliz, com uma vida tranqüila e acomodada. Muito acomodada. Isso corresponde a um estado do Ego não consciente de que essa situação é instável, e sua segurança, precária. O Ego está em estado inflacionário — cheio de si mesmo —, convencido de que, por méritos próprios, conquistou o direito de viver esse estado bem-aventurado, ditoso, para o resto da vida.

Livro de Jó — capítulo 1

1 Era uma vez um homem chamado Jó, que vivia no país de Hus. Era um homem íntegro e reto, que temia a Deus e evitava o mal. 2 Tinha sete filhos e três filhas. 3 Possuía também sete mil ovelhas, três mil camelos, quinhentas juntas de bois, quinhentas mulas e grande

> número de empregados. Jó era o mais rico dos homens do Oriente. 4 Os filhos de Jó costumavam fazer banquetes, um dia na casa de cada um, e convidavam as três irmãs para comer e beber com eles. 5 Quando terminavam esses dias de festa, Jó os mandava chamar, para purificá-los. Ele madrugava e oferecia um holocausto para cada um deles, pensando: "Talvez meus filhos tenham pecado, ofendendo Deus em seu coração." E Jó fazia assim todas as vezes.

Exatamente quando o homem se acomoda, como acontece com Jó, Javé provoca a crise. O *Self* provoca a crise para que o Ego se movimente, siga em frente com sua jornada de individuação.

Javé se gaba da lealdade de Jó, e Satanás apresenta-lhe um desafio. Javé concorda em submeter Jó à provação. Concorda que Satanás lhe tire todos os bens.

Livro de Jó — capítulo 1

> 6 Certo dia, os anjos se apresentaram a Javé e, entre eles, foi também Satã. 7 Então Javé perguntou a Satã: "De onde você vem?" Satã respondeu: "Fui dar uma volta pela terra." 8 Javé lhe disse: "Você reparou no meu servo Jó? Na terra não existe nenhum outro como ele: é um homem íntegro e reto, que teme a Deus e evita o mal." 9 Satã respondeu a Javé: "E é a troco de nada que Jó teme a Deus? 10 Tu mesmo puseste um muro de proteção ao redor dele, de sua casa e de todos os seus bens. Abençoaste os trabalhos dele e seus rebanhos cobrem toda a região. 11 Estende, porém, a mão e mexe no que ele possui. Garanto que ele te amaldiçoará na cara!" 12 Então Javé disse a Satã: "Pois bem! Faça o que você quiser com o que ele possui, mas não estenda a mão contra ele." E Satã saiu da presença de Javé.

A Bíblia logo nos mostra que Jó tem uma reação impecável e aceita o que Javé lhe destinou, sem lançar maldições a Deus, contrariando as previsões de Satanás.

Livro de Jó — capítulo 1
20 Então Jó se levantou, rasgou a roupa, rapou a cabeça, caiu por terra, 21 e disse: "Nu eu saí do ventre de minha mãe, e nu para ele voltarei. Javé me deu tudo e Javé tudo me tirou. Bendito seja o nome de Javé!" 22 E, apesar de tudo, Jó não pecou e não acusou Deus de ter feito alguma coisa injusta.

Satanás não desiste e insiste com Javé, que concorda com o aumento da carga de provações que permite recair sobre Jó, seu fiel seguidor.

Livro de Jó — capítulo 2
1 Certo dia, os anjos se apresentaram a Javé e, entre eles, foi também Satã. 2 Então Javé perguntou a Satã: "De onde você vem?" Satã respondeu: "Fui dar uma volta pela terra." 3 Javé lhe disse: "Você reparou no meu servo Jó? Na terra não existe nenhum outro como ele: é um homem íntegro e reto, que teme a Deus e evita o mal. Ele continua firme na sua integridade. E você, a troco de nada, me lançou contra ele para o aniquilar." 4 Satã respondeu a Javé: "Pele por pele! O homem dá tudo o que tem para manter a vida. 5 Estende, porém, a mão e o atinge na carne e nos ossos. Garanto que ele te amaldiçoará na cara!" 6 Então Javé disse a Satã: "Faça com ele o que você quiser, mas poupe a vida dele." 7 E Satã saiu da presença de Javé.

A própria mulher de Jó, vendo seu sofrimento, aconselha-o a amaldiçoar Javé e morrer, mas, mesmo com todas essas provações, Jó se recusa.

Livro de Jó — capítulo 2
9 Sua mulher lhe disse: "E você ainda continua em sua integridade? Amaldiçoe a Deus e morra de uma vez!" 10 Jó respondeu: "Você está

falando como louca! Se aceitamos de Deus os bens, não devemos também aceitar os males?"

Jó está desesperado. O caminho da individuação não é fácil para os que a ele resistem. Em estado de desespero, uma parte da sua libido — sua energia psíquica — mergulha no inconsciente, o que provoca uma crise, pedindo que a situação anterior seja abandonada e que o ser humano siga seu caminho.

Livro de Jó — capítulo 3

1 Então Jó abriu a boca e amaldiçoou o dia do seu nascimento, 2 dizendo: 3 "Morra o dia em que nasci e a noite em que se disse: 'Um menino foi concebido.' 4 Que esse dia se transforme em trevas; que Deus, do alto, não cuide dele e sobre ele não brilhe a luz. 5 Que as trevas e as sombras o reclamem para si, que uma nuvem o cubra e um eclipse o torne pavoroso. 6 Que a escuridão se apodere desse dia, que ele não se some aos dias do ano e não entre na conta dos meses. 7 Que essa noite fique estéril e fechada aos gritos de alegria. 8 Que a maldigam os que maldizem o dia, os que sabem despertar Leviatã. 9 Que as estrelas da sua aurora escureçam, que espere a luz que não vem, e não veja as pálpebras da alvorada. 10 Pois essa noite não fechou as portas do ventre para mim, e não escondeu da minha vista tanta miséria. 11 Por que não morri ao sair do ventre de minha mãe, ou não pereci ao sair de suas entranhas? 12 Por que dois joelhos me receberam, e dois peitos me amamentaram? 13 Agora eu repousaria tranqüilo e dormiria em paz, 14 junto com os reis e governantes da terra, que construíram túmulos suntuosos para si, 15 ou com os nobres que possuíram ouro e encheram de prata seus mausoléus. 16 Agora eu seria um aborto enterrado, uma criatura que não chegou a ver a luz. 17 Lá embaixo acaba o tumulto dos injustos, e aí repousam os que estão esgotados. 18 Com eles descansam os prisioneiros, e não ouvem

mais a voz do capataz. 19 Lá embaixo os pequenos se confundem com os grandes, e o escravo fica liberto do seu patrão. 20 Para que dar luz a um infeliz, e vida para quem vai viver na amargura? 21 Para que dar luz a quem anseia pela morte que não chega, e que a procura mais do que a um tesouro? 22 Para que dar luz a quem se alegra diante de um túmulo e exulta diante da sepultura? 23 Para que dar luz a um homem que não encontra caminho, porque Deus o cercou de todos os lados? 24 Os soluços são meu alimento, e meus gemidos transbordam como água. 25 O que eu mais temia aconteceu para mim, e o que mais me apavorava me atingiu. 26 Vivo sem paz, sem tranqüilidade e sem descanso, em contínuo sobressalto."

Outro exemplo desse desespero pode ser visto em Dante, no início de sua *Divina comédia*: "Da vida em meio à jornada, tendo perdido o caminho verdadeiro, achei-me embrenhado em selva escura. Descrever qual fosse tal aspereza umbrosa é tarefa assaz penosa, que a memória reluta em relembrar. Tão triste era que na própria morte não haverá muito mais tristeza."

Também São João da Cruz passou pelo seu deserto, que descreveu como uma "Noite Escura da Alma", e fez dela uma oportunidade para se aproximar de Deus. Veja como ele nos conta poeticamente sua experiência.

Canções da Alma

1. Em uma noite escura,
De amor em vivas ânsias inflamada,
Oh! ditosa ventura!
Saí sem ser notado,
Já minha casa estando sossegada.

2. Na escuridão, segura,
Pela secreta escada, disfarçada,

Oh! ditosa ventura!
Na escuridão, velada,
Já minha casa estando sossegada.
3. Em noite tão ditosa,
E num segredo em que ninguém me via,
Nem eu olhava coisa,
Sem outra luz nem guia
Além da que no coração me ardia.
4. Essa luz me guiava,
Com mais clareza que a do meio-dia
Aonde me esperava
Quem eu bem conhecia,
Em sítio onde ninguém aparecia.
5. Oh! noite que me guiaste,
Oh! noite mais amável que a alvorada!
Oh! noite que juntaste
Amado com amada,
Amada já no Amado transformada!
6. Em meu peito florido
Que, inteiro, para ele só guardava,
Quedou-se adormecido,
E eu, terna, o regalava,
E dos cedros o leque o refrescava.
7. Da ameia a brisa amena,
Quando eu os seus cabelos afagava,
Com sua mão serena
Em meu colo soprava,
E meus sentidos todos transportava.
8. Esquecida, quedei-me,
O rosto reclinado sobre o Amado;
Tudo cessou, Deixei-me,

Largando meu cuidado
Por entre as açucenas olvidado.

São João da Cruz
Obras completas
Editora Vozes

Nas cartas do Tarô temos uma exemplo do tipo de crise a que nos estamos referindo: a carta da torre. Nela vemos um raio — um ato de Deus, do *Self* — atingindo a torre e desalojando violentamente seus ocupantes. A carta simboliza um estado do homem que atingiu as alturas da torre, mas que, por um ato de Deus, é desalojado de sua posição superior e lançado ao solo. Isso tende a acontecer sempre que o ser humano se acomoda em sua vida e deixa de buscar seu crescimento, deixa de fazer esforços para se tornar mais consciente, deixa de seguir sua jornada de individuação.

Jó não está convencido de que merece ser submetido a tal provação, pois se julga um homem sem falhas, cumpridor das leis de Javé. Não sabe ainda que se acomodar em sua vidinha, estacionar em sua jornada de individuação, é algo que o *Self* não aceita.

Livro de Jó — capítulo 7

1 "O homem vive na terra cumprindo um serviço militar, e seus dias são como os do diarista: 2 tal e qual um escravo, ele suspira pela sombra e, como o diarista, espera pelo seu salário. 3 Assim, a minha herança são meses de ilusão, e a mim couberam noites de fadiga. 4 Ao me deitar, fico pensando: 'Quando me levantarei?' A noite é muito longa, e me canso de ficar rolando na cama até a aurora. 5 Minha carne está cheia de vermes e feridas, e minha pele se rompe e supura. 6 Meus dias correm velozes como a lançadeira, e se consomem sem qualquer esperança. 7 Lembra-te! A minha vida é um sopro, e os meus olhos

nunca mais verão a felicidade. 8 Os olhos de quem me vê, não me enxergarão mais. Teus olhos me procurarão, mas eu já não existirei. 9 Como nuvem que passa e se desfaz, quem desce ao túmulo, nunca mais subirá; 10 nunca mais retornará à sua casa, e sua morada nunca mais o reverá. 11 Por isso, não ficarei calado; meu espírito angustiado falará e minha alma entristecida se queixará. 12 Por acaso sou o Mar ou o Dragão, para me colocares mordaça? 13 Quando penso que o leito me aliviará e minha cama abrandará meus gemidos, 14 então me espantas com sonhos e me aterrorizas com pesadelos. 15 Eu preferiria morrer sufocado. Antes a morte do que estas dores! 16 Eu não vou viver para sempre! Deixa-me, pois os meus dias são apenas um sopro. 17 O que é o homem, para fazeres tanto caso dele, para fixares tua atenção sobre ele, 18 a ponto de examiná-lo a cada manhã e testá-lo a cada momento? 19 Por que não paras de me espionar, deixando-me ao menos engolir a saliva? 20 Caso eu tenha pecado, o que foi que eu te fiz? Espião da humanidade, por que me tomaste como alvo, e me transformaste em peso para ti? 21 Por que não perdoas o meu pecado, e não afastas de mim a minha culpa? Olha! Logo eu me deitarei no pó: tu me procurarás tateando, e eu não existirei mais."

Baldad, um dos amigos de Jó, afirma que Javé não comete injustiças, que certamente a culpa dos seus males é do próprio Jó. Insiste em afirmar que Deus é justo.

Livro de Jó — capítulo 8

1 Baldad de Suás tomou a palavra e disse: 2 "Até quando você vai falar dessa maneira? Suas palavras são como furacão. 3 Pode Deus torcer o direito? Pode o Todo-poderoso perverter a justiça? 4 Se os seus filhos pecaram contra Deus, ele já os entregou ao poder dos próprios crimes. 5 Mas, se você procurar Deus, se suplicar ao Todo-poderoso, 6 e se conservar puro e reto, ele cuidará de você e o restaurará na sua legítima prosperidade. 7 Sua situação anterior parecerá coisa pe-

quena em comparação com a grandeza do seu futuro. 8 Consulte as gerações passadas e observe a experiência de nossos antepassados. 9 Nós nascemos ontem e não sabemos nada. Nossos dias são como sombra no chão. 10 Os nossos antepassados, no entanto, vão instruí-lo e falar a você com palavras tiradas da experiência deles."

Jó quer entender a razão de Javé haver lhe imposto tantos sofrimentos. Não pode admitir que eles sejam fortuitos, obra do acaso. Quer conhecer a razão, mas não admite que ele mesmo, sua acomodação, a interrupção de sua jornada atraíram seus males.

Livro de Jó — capítulo 10

1 "Estou cansado da minha vida! Vou entregar-me às queixas, falando com toda a amargura do meu coração. 2 Vou pedir a Deus: 'Não me condenes! Conta-me o que tens contra mim.' 3 Será que te divertes em me oprimir, desprezando a obra de tuas mãos para favorecer os projetos dos injustos? 4 Por acaso tens olhos de carne, e vês apenas como o homem vê? 5 Por acaso teus dias são como os dias de um mortal, e teus anos como os anos de um ser humano, 6 para sondares a minha culpa e investigares o meu pecado, 7 mesmo sabendo que não sou culpado, e que ninguém me pode livrar da tua mão? 8 Tuas mãos me formaram e modelaram o meu ser inteiro. E agora tu te voltas contra mim, para me aniquilar? 9 Lembra-te! Tu me fizeste do barro. Queres agora fazer-me voltar ao pó? 10 Não me derramaste como leite e me coalhaste como queijo? 11 Tu me revestiste de pele e carne, e me teceste de ossos e nervos. 12 Tu me concedeste vida e favor, e tua providência conservou a minha respiração. 13 Contudo, alguma coisa tu guardavas escondida. Agora eu sei que tinhas esta intenção: 14 Se eu pecasse, tu me surpreenderias em flagrante, e não deixarias a minha culpa sem castigo. 15 Se eu fosse culpado, ai de mim! Se eu fosse inocente, não poderia levantar a cabeça, pois estou cheio de vergonha

e embriagado de miséria. 16 Se levanto a cabeça, tu me caças, altivo como leão, e multiplicas tuas proezas contra mim. 17 Tu repetes teus assaltos contra mim, contra mim redobras tua ira, e contra mim lanças tropas descansadas. 18 Por que me tiraste do ventre materno? Eu poderia ter morrido, e ninguém me teria visto. 19 Eu seria como alguém que nunca existiu, levado do ventre para o túmulo. 20 Como são poucos os dias da minha vida! Deixa-me, para que eu possa respirar um pouco, 21 antes que eu me vá para nunca mais voltar, para o país da treva e da sombra da morte, 22 para o país onde a aurora é noite negra, onde a sombra da morte cobre a confusão, e onde a claridade é escuridão."

Jó recebe a visita de amigos, que pretendem confortá-lo de seus sofrimentos. Seguem vários diálogos em que eles tentam convencer Jó de que suas provações são resultado de seus atos. Quem sabe ele não teria praticado atos que contrariam as normas de Javé, e está sendo punido por isso? Jó, mesmo admitindo pequenos problemas de sua juventude, insiste em não haver desobedecido aos ensinamentos de Javé, e que sua punição é injusta, no que os amigos não acreditam. Os diálogos se arrastam por vários capítulos, sempre batendo nessa mesma tecla.

Cansado de muito discutir com os amigos, Jó começa a falar diretamente com Javé, pedindo-lhe explicações, como se quisesse que ele lhe prestasse contas. Jó chega a ver em Deus um adversário. Esse é um estado inflacionário do Ego, mas que se justifica pelo desespero de Jó, e permite que Javé lhe responda.

Livro de Jó — capítulo 30

16 Agora quero desafogar-me. Os dias de tristeza me oprimem. 17 De noite, um mal penetra nos meus ossos, pois as chagas que me corroem não me deixam dormir. 18 Deus me agarra com violência pela roupa e me segura pela gola da túnica, 19 me atira no meio da lama,

e eu fico misturado com o pó e a cinza. 20 Clamo para ti, e tu não me respondes. Eu insisto, e tu não te importas comigo. 21 Tu te transformaste em meu carrasco, e me atacas com o teu braço musculoso. 22 Tu me levantas e me fazes cavalgar o vento, sacudindo-me no furacão. 23 Eu sei muito bem que tu me conduzes para a morte, para o lugar onde todos os seres vivos se encontram.

Antes da resposta de Javé, temos o último discurso de um amigo, Eliú, que se qualifica como o mais novo do grupo, mas que não estava listado pelo texto sagrado entre os três amigos de Jó.

Livro de Jó — capítulo 35

1 Eliú continuou dizendo: 2 "Será que você pretende ter razão, quando diz: 'Sou mais justo do que Deus?' 3 Ou quando diz: 'De que me serviu, e o que foi que eu ganhei em não pecar?' 4 Vou responder a você e também a seus amigos. 5 Olhe atentamente para o céu e observe as nuvens que estão bem acima de você. 6 Se você pecar, que mal estará fazendo a Deus? Se você amontoa crimes, que danos está causando para ele? 7 E se você é justo, o que é que está dando a ele? O que é que ele recebe de sua mão? 8 Sua maldade só pode afetar outro homem igual a você. Sua justiça só atinge outro ser humano como você. 9 As pessoas gemem sob o peso da opressão, e pedem socorro contra os poderosos. 10 Mas ninguém diz: 'Onde está o nosso Deus criador, que restaura as nossas forças durante a noite, 11 que nos instrui mais do que aos animais da terra e nos torna mais sábios do que as aves do céu?' 12 Alguns clamam, porém Deus não responde ao orgulho dos injustos. 13 Não, Deus não ouve a falsidade, e o Todo-poderoso não presta atenção nisso. 14 E você ainda se atreve a dizer que não o vê, que sua causa foi submetida a ele, que você está esperando, 15 que a ira dele não intervém e que ele não cuida de nada. 16 Ora, Jó está abrindo a boca inutilmente e multiplicando palavras sem sentido."

Eliú é mais um que critica Jó, negando-lhe direitos frente a Javé.

Livro de Jó — capítulo 38

1 Então Javé, do meio da tempestade, respondeu a Jó e disse: 2 "Quem é esse que escurece o meu projeto com palavras sem sentido? 3 Se você é homem, esteja pronto: vou interrogá-lo, e você me responderá. 4 Onde você estava quando eu colocava os fundamentos da terra? Diga-me, se é que você tem tanta inteligência! 5 Você sabe quem fixou as dimensões da terra? Quem a mediu com a trena? 6 Onde se encaixam suas bases, ou quem foi que assentou sua pedra angular, 7 enquanto os astros da manhã aclamavam e todos os filhos de Deus aplaudiam? 8 Quem fechou o mar com uma porta, quando ele irrompeu, jorrando do seio materno? 9 Quando eu coloquei as nuvens como roupas dele e névoas espessas como cueiros? 10 Quando lhe coloquei limites com portas e trancas, 11 e lhe disse: 'Você vai chegar até aqui, e não passará. Aqui se quebrará a soberba de suas ondas?' 12 Alguma vez em sua vida você deu ordens para o amanhecer, ou marcou um lugar para a aurora, 13 a fim de que ela agarre as bordas da terra, e dela sacuda os injustos? 14 Por acaso você deu ordens à terra para ela se transformar como argila debaixo do sinete e se tingir como vestido, 15 negando luz para os injustos e quebrando o braço que ameaça golpear? 16 Você já chegou até as fontes do mar, ou passeou pelas profundezas do oceano? 17 Já mostraram a você as portas da morte, ou por acaso você já viu os portais das sombras? 18 Você examinou a extensão da terra? Se você sabe tudo isso, me diga."

Depois de continuar por muitas linhas, Javé dirige uma pergunta a Jó, que lhe responde.

Livro de Jó — capítulo 40

1 Javé continuou falando a Jó, e perguntou: 2 "O adversário vai querer discutir com o Todo-poderoso? Quem critica a Deus irá responder?"

3 Então Jó respondeu a Javé: 4 "Eu me sinto arrasado. O que posso replicar? Vou tapar a boca com a mão. 5 Falei uma vez e não insistirei; falei duas vezes, e não vou acrescentar mais nada." 6 Do meio da tempestade, Javé replicou a Jó: 7 "Se você é homem, esteja pronto: vou interrogá-lo, e você me responderá. 8 Você se atreve a anular a minha justiça e condenar-me, para justificar a si mesmo? 9 Você tem braço como o braço de Deus? Sua voz troveja como a voz de Deus? 10 Então revista-se de majestade e grandeza, e cubra-se de esplendor e glória! 11 Derrame o ardor de sua ira e, com um olhar só, rebaixe todos os orgulhosos. 12 Humilhe com seu olhar o arrogante, e esmague os injustos onde quer que se encontrem. 13 Enterre-os todos juntos no pó, e amarre-os todos juntos na prisão. 14 Então também eu louvarei a você, porque conseguiu a vitória com sua própria mão direita. 15 Veja o Beemot: fui eu que o criei, como criei você. Ele come grama como faz o boi. 16 Veja a força de suas ancas, o vigor do seu ventre musculoso, 17 quando ergue a cauda como cedro, trançando os tendões de suas coxas. 18 Seus ossos são como tubos de bronze, e sua carcaça parece feita de barras de ferro. 19 Ele é a obra-prima de Deus, e somente o seu Criador pode ameaçá-lo com a espada. 20 Deus lhe proíbe a região das montanhas, onde as feras se divertem. 21 Ele se deita debaixo do lótus, e se esconde entre os juncos do pântano. 22 O lótus o cobre de sombra, e os salgueiros da torrente o envolvem. 23 Ainda que o rio transborde, ele não se assusta. Ao contrário, fica tranqüilo, mesmo que o Jordão faça espuma em sua boca. 24 Quem poderá agarrá-lo pela frente ou perfurar suas narinas com o gancho? 25 Por acaso você é capaz de pescar o Leviatã com anzol e amarrar-lhe a língua com uma corda? 26 Você é capaz de furar as narinas dele com junco e perfurar sua mandíbula com gancho? 27 Será que ele viria até você com muitas súplicas ou lhe falaria com ternura? 28 Será que faria uma aliança com você, para você fazer dele o seu criado perpétuo? 29 Você brincará com ele como se fosse um pássaro, ou você o amarrará para suas filhas? 30 Será que os pescadores o negociarão,

ou os negociantes o dividirão entre si? 31 Poderá você crivar a pele dele com dardos ou a cabeça com arpão de pesca? 32 Experimente colocar a mão em cima dele: você se lembrará da luta, e nunca mais repetirá isso!"

Javé, não satisfeito, continua a falar de sua grandeza. Finalmente Jó tem uma chance de lhe dar nova resposta:

Livro de Jó — capítulo 42
1 Então Jó respondeu a Javé: 2 "Eu reconheço que tudo podes e que nenhum dos teus projetos fica sem realização. 3 Tu disseste: 'Quem é esse que escurece os meus projetos com palavras sem sentido?' Pois bem! Eu falei, sem entender, de maravilhas que superam a minha compreensão. 4 Tu disseste: 'Escute-me, porque vou falar. Vou interrogá-lo, e você me responderá.' 5 Eu te conhecia só de ouvir. Agora, porém, os meus olhos te vêem. 6 Por isso, eu me retrato e me arrependo, sobre o pó e a cinza."

Javé agora vê defeitos nas falas dos três sábios, e os repreende, e restaura a vida de Jó, concedendo-lhe em dobro tudo que lhe havia sido tirado. Não é possível entender o que estava incorreto nas falas dos amigos de Jó. Seria pretensão nossa — inflação — tentar entender a totalidade do *Self.*

Livro de Jó — capítulo 42
7 Javé terminou de falar com Jó, e se dirigiu a Elifaz de Temã, dizendo: "Estou irritado contra você e seus dois companheiros, porque vocês não falaram corretamente de mim como falou o meu servo Jó. 8 Portanto, peguem sete bezerros e sete carneiros, e vão até o meu servo Jó. Ofereçam os animais em holocausto, e o meu servo Jó intercederá por vocês. Em atenção a ele, eu não os tratarei como a insensatez de vocês merece, porque vocês não falaram corretamente de mim, como

falou o meu servo Jó." 9 Então, Elifaz de Temã, Baldad de Suás e Sofar de Naamat fizeram o que Javé lhes tinha ordenado. E Javé atendeu às orações de Jó. 10 Quando Jó intercedeu por seus companheiros, Javé lhe mudou a sorte e duplicou todas as posses. 11 Seus irmãos e irmãs e os antigos conhecidos foram visitá-lo. Almoçaram em sua casa e o consolaram e confortaram pela desgraça que Javé lhe tinha enviado. Cada um ofereceu a Jó uma soma de dinheiro e um anel de ouro. 12 E Javé abençoou a Jó, mais ainda do que antes. Ele possuía agora catorze mil ovelhas, seis mil camelos, mil juntas de bois e mil jumentas. 13 Teve sete filhos e três filhas: 14 a primeira chamava-se Rola, a segunda Cássia e a terceira Azeviche. 15 Em toda a terra não havia mulheres mais belas do que as filhas de Jó. E o seu pai repartiu a herança entre elas e os irmãos delas. 16 Depois disso, Jó viveu ainda cento e quarenta anos, e conheceu os seus filhos, netos e bisnetos. 17 Depois Jó morreu, velho, em idade avançada.

Um ponto importante de todo esse capítulo é que o drama pessoal de Jó não é somente dele, mas de todos nós. Quem não teve suas crises na vida? Quem pode dizer que não terá mais crises na vida? Frente às crises da vida, temos uma tendência a perguntar: por que isso está acontecendo conosco? Se a resposta encontrada para esta pergunta for que tudo é uma fatalidade, o ser humano nada vai lucrar, e é possível que seja submetido a crises ainda maiores. Se a resposta for uma sincera busca interior, que coloque a pessoa novamente em sua jornada de individuação, a crise fez o efeito desejado e se justifica.

Mesmo que a crise possa trazer benefícios, ninguém se submete alegremente a ela, e, se possível, todos tentam evitá-la. Vale lembrar um trecho da oração do Pai-nosso: "Livrai-nos do mal." Jesus, quando no Jardim de Getsêmani, também falou: "Pai, se possível, afasta de mim esse cálice."

Porém ele não parou ai, disse mais: "Contudo não se faça como eu quero, mas como Tu queres."

O Livro de Jó trata do problema do mal. Como explicar que Deus, com sua onipotência, possa permitir a existência do mal? Isso nos leva a concluir que Ele, ou não é onipotente, ou não é exclusivamente bom. O cristianismo prega a teoria do *"Privatio Boni"* que não reconhece a existência real do mal. Se Deus é *Summun Bomun*, como pode conter o mal? Santo Agostinho, um dos maiores teólogos da Igreja, postula que o mal não existe por si só, mas é uma privação do bem. Portanto, qualquer defeito que possa existir na alma do ser humano resulta de uma diminuição do bem natural. Se aceita essa doutrina, todo o bem seria atribuído a Deus e todo mal aos seres humanos.

Mas, afinal, o que seria o mal? Uma outra teoria postula que Deus criou o mal como forma de apressar o crescimento da consciência. Será que Jó, continuando em sua vida de acomodação, felicidade e riqueza, estaria disposto a se esforçar para entender Deus? Talvez o objetivo do *Self* seja forçar Jó a se conscientizar de outras partes do seu inconsciente? Neste sentido, Satanás age como uma força motivadora, que faz Jó sair do seu *status quo*, pensar, tentar entender o que está acontecendo.

Lembra da garota que comia chocolates — a poesia de Fernando Pessoa, a que nos referimos anteriormente? Será que o *Self* vai forçá-la também, como fez com Jó, a seguir sua jornada de individuação? Provavelmente, na sua segunda metade de vida.

J. W. Goethe em *Fausto*, sua obra-prima, parece esposar essa idéia. Quando Fausto pergunta a Mefistófeles quem ele é, este responde: "Sou parcela do Além, força que cria o mal e também faz o bem."

Também no Gênesis, o mal, representado pela serpente, foi a força dinâmica que tirou Adão e Eva da inconsciência do Éden, fazendo-os trabalhar para se conscientizarem.

Pessoalmente acredito que a idéia de que Deus — o *Self* — nos força a sairmos do nosso comodismo e a seguirmos nossa jornada de individuação tem seus méritos. Com pequenos sinais, pequenos golpes que nos fazem sofrer um pouquinho, Ele tenta nos acordar de nossa acomodação, nos obrigar a refletir sobre nossa existência. Porém, se não entendermos esses sinais menores, Ele aumenta a intensidade, e se persistirmos em nossa posição estática, nos atropela com um caminhão.

Entretanto essa explicação, que parece fazer sentido, não pode dar conta de todas as situações da vida. Como fazê-lo em relação à matança dos judeus na Alemanha de Hitler? Ou aos milhões exterminados por Stalin? Ou às inúmeras guerras sangrentas, passadas e presentes, levadas avante pelas mais fúteis razões? E aos atos terroristas absurdos, muitos feitos em nome de Deus? Difícil aceitar que sejam simplesmente a expressão de um *Self* querendo ampliar os limites do Ego!

A teoria do livre-arbítrio é outra tentativa de explicar o mal. Deus teria dado ao homem o livre-arbítrio, porque só assim ele poderia se desenvolver. Porém o livre-arbítrio impede que Deus evite o mal que o homem queira realizar. Com essa teoria, todo o mal é atribuído ao homem. É difícil aceitar essa teoria que vê o livre-arbítrio como algo que o ser humano recebe das mãos divinas *prêt-à-porter*, em vez de entendê-lo como algo que pode ou não ser atingido, dependendo das circunstâncias internas e externas em que se desenvolve o Ego, jogando assim, sobre os ombros de todo ser humano, a responsabilidade de todo o mal.

Outra tentativa de explicar o mal não é, na verdade, uma tentativa de explicá-lo: é de livrar-nos da perplexidade que ele nos provoca mediante afirmação de que ele é mera aparência, havendo sempre, por detrás dele, uma expressão do bem.

Uma história do Corão — o livro sagrado do islamismo — ilustra esse ponto:

O Alcorão 18ª Sura*

Moisés encontrou-se com Khidr, um anjo do Senhor, e pediu:

— Posso segui-lo para que me ensines o que te foi revelado da verdade?

— Não terias bastante paciência comigo — falou Khidr. — Como suportarias aquilo de que não discernes a razão?

Disse-lhe Moisés:

— Encontrar-me ás, se Deus permitir, paciente; não desobedecerei a nenhuma ordem tua.

— Se me seguires, não me perguntes sobre nada até que o mencione.

E partiram os dois. E quando entraram num barco, Khidr perfurou nele um buraco. Moisés perguntou:

— Perfuraste-o para afogar os que estão nele? Fizeste uma coisa reprovável.

Khidr respondeu:

— Não te disse que não terias paciência comigo?

Disse Moisés:

— Não me censures por algo que esquecera. E não me imponhas condições duras demais.

E partiram de novo até que encontraram um adolescente; e Khidr matou-o. Moisés disse:

---

* Adaptado da tradução de Mansour Challita.

— Mataste uma alma pura sem que fosse para vingar outra alma! Cometeste um ato abominável.

— Não te disse que não terias paciência comigo?

— Se voltar a te interrogar sobre seja o que for, não me acompanhes mais. Tens minhas desculpas.

Os dois partiram outra vez. E chegaram a uma cidade, e pediram hospitalidade a seus habitantes, e foram repelidos. Mesmo assim, Khidr viu uma parede prestes a ruir, e a restaurou. Disse Moisés:

— Se quiseres, poderias exigir um salário por esse serviço.

— É a separação entre nós — disse Khidr. — Agora, revelar-te-ei a interpretação daquilo que não pudeste suportar.

— Quanto ao barco, pertence a homens pobres que trabalham no mar. Quis aviariá-lo porque atrás deles vem um rei que se apodera de todo barco, injustamente. O barco avariado não vai interessá-lo, e os homens poderão consertá-lo depois que o rei passar.

"Quanto ao adolescente, seus pais são crentes, e ele iria lhes trazer problemas pela rebelião e pela descrença. E o Senhor vai dar-lhes outro filho melhor em pureza e sentimentos filiais.

"Quanto à parede, pertence a dois jovens órfãos daquela cidade. Por baixo dela há um tesouro que lhes pertence, pois seu pai era um justo. O Senhor quis, portanto, que eles atingissem, primeiro, sua plenitude antes que recuperassem seu tesouro. Há em tudo isso uma misericórdia de teu Senhor. Pois nada fiz por minha iniciativa. Aí está a interpretação dos fatos que não conseguiste suportar."

Nenhuma dessas doutrinas explica integralmente o problema do mal. Aliás, Jung contesta essas doutrinas não por razões teóricas, mas por razões empíricas, como resultado de suas observações da psique de seus clientes. A proposta junguiana é que Deus — o *Self* — é completo, contém o bem e o mal. A função do Ego seria, então, se conscientizar da maior parte possível do *Self*. É importante repetir a afirmação lapidar de Joseph Campbell: "Minha definição de demônio é um anjo que não foi reconhecido. Melhor dizendo, é um poder seu, para o qual você negou expressão e o reprimiu. Então, como toda energia reprimida, ela começa a crescer e tornar-se muito perigosa." O mal que conhecemos conscientemente pode ser evitado. Porém, para o que está escondido no inconsciente não temos defesa.

Acredito, como Jung, que o *Self*, nosso Deus interior, é completo; contém o bem e o mal, e que quanto mais o Ego se conscientizar de aspectos dele, menor será o perigo de cometermos atos insanos. O ser humano freqüentemente justifica seus atos insanos, como mandar nossos semelhantes para fornos crematórios. Arranja uma racionalização, no linguajar psicanalítico, para esses atos, não importa quão perversos sejam. Hitler dizia estar criando uma raça pura; Stalin, que estava consolidando a Revolução Russa.

Os amigos de Jó, sabendo de sua desgraça, vão visitá-lo. Essa visita, que pretendia confortá-lo, torna-se um fator de discórdia, pois eles insistem em justificar Javé e encontrar no amigo os desmandos que explicassem os atos do Senhor. Terá sentido essa pretensão humana de entender os atos do Senhor?

PARTE II

Um novo mito para o século de Aquário

O mito hebreu-cristão, que suportou por muitos séculos grande parte dos seres humanos na civilização ocidental, perdeu sua força. A Igreja Católica, o baluarte que na Idade Média e em parte da Moderna, apesar de todos os abusos cometidos, sustentava o mito central do cristianismo, vem perdendo força. A função da Igreja de atuar como vaso protetor, contendo e protegendo o mito cristão, está fazendo água. O homem ocidental está navegando em um barco avariado, sem saber que rumo tomar.

Em *A criação da consciência*, o analista junguiano Edward Edinger afirma, para ressaltar a importância dos mitos: "A história e a antropologia nos ensinam que as sociedades humanas não conseguem sobreviver por muito tempo se seus membros não estiverem vivendo dentro de um mito central, que lhes justifique a razão da vida." A falta desse mito central é o principal desafio a ser enfrentado por este nosso século. Este é o drama que estamos vivendo no começo do século XXI.

Jung, em seu livro de memórias, relata a visita que, em 1925, fez aos índios pueblos, habitantes do sudoeste dos Estados Unidos. O mito central desse povo os definia como Filhos do Sol. Segundo esse mito, somente com a ajuda dos pueblos o Sol poderia continuar nascendo diariamente. Caso deixassem de rezar para ajudar o Pai Sol, em dez anos ele não mais se levantaria nos céus para iluminar a Terra. O chefe Mountain Lake disse, com a convicção de quem está salvando o mundo: "Os americanos querem acabar com nossa religião. Por que não nos deixam sossegados? O que nós fazemos, não fazemos apenas para nós, mas também para eles. Fazemos isso para todo o mundo."

Você acredita que o Sol não mais se levantaria caso os índios pueblos parassem de rezar para ele? Pouco importa, para a sobrevivência dos pueblos, se você acredita ou não que, sem a reza deles, o Sol deixaria de nascer. Importa, sim, que eles acreditem, pois salvar o mundo é a motivação central de suas vidas, sua razão de viver.

E você? O que você está fazendo aqui na Terra? Qual o sentido de sua vida? Ganhar dinheiro? Ser rico? Ser poderoso? Criar seus filhos e esperar, por meio deles, tornar-se imortal? Será que estas metas têm estatura suficiente para constituir-se em um mito? Será que você não sente uma pontinha de inveja do índio pueblo, convicto de que sua vida tem sentido: salvar o mundo?

Isso me lembra um episódio bastante ilustrativo. Tomás, filho de amigos, estava com suspeita de meningite, e toda a família estava desesperada, aguardando o veredicto do médico na sala de espera do hospital. A avó, serena e calma, dizia, consolando a família: "Deus sabe o que faz. O que ele decidir, será." Esse episódio justifica a afirmação de Jung: "Felizes os que têm fé, pois não precisam de psicoterapia." Felizes os que têm fé! Desafortunadamente, fé não se encomenda, não se compra em supermercado. Quem não a tem, está condenado a trabalhar duro para crescer, para prosseguir em sua jornada de individuação, para encontrar o mito que justifique sua vida, que garanta que seu Sol vai continuar a aparecer todas as manhãs.

Vivemos por 2 mil anos tendo o cristianismo como mito central. Porém, com os fenômenos históricos iniciados a partir do Renascimento, que desempenhou significativo papel de contestação de algumas afirmações bíblicas pela ciência, o ser humano chegou ao século XXI afastado da Igreja e, portanto, desse mito central. Mas as contestações da ciência empírica não alteram a importância dos mitos. Como dizia Salústio, referindo-se a eles: "Essas são coisas que nunca aconteceram, mas sempre existiram." Com efeito, eles não nos trazem verdades empíricas, eles nos trazem, sim, verdades maiores do que as oferecidas pela ciência, pois fazem o que ela é incapaz de fazer: dar sentido à nossa existência, garantindo nossa saúde psicológica. Sua compreensão e estudo, portanto, promete ser o grande instrumento para resgatar o homem do vazio existencial em que atualmente se encontra.

Robert Johnson, renomado psicólogo junguiano, conta que um garoto, perguntado pelo professor o que era um mito, respondeu: "O mito é alguma coisa que é verdadeira no interior, mas falsa no exterior." O professor não entendeu, e Johnson chama atenção para o quão freqüentemente a sabedoria das crianças supera a dos adultos. O essencial, como dissemos, é que, para reconhecermos a verdade de um mito, temos que reconhecê-la como de ordem diversa da ordem das verdades científicas. Talvez uma verdade de maior importância, já que a ciência é, às vezes, incapaz de nos dizer o que fazer com as descobertas que nos traz.

Como dizia o personagem criado por Nietzsche: "Deus está morto!" A certeza de nossos antepassados de que nossa vida na Terra era um curto estágio para o paraíso, que dava garantia para os bons de um lugar no céu ao lado de Cristo, não é mais aceita por todos. Os símbolos que sustentavam nossa fé se enfraqueceram, e o resultado é a desorganização social e a perda de valores morais que estamos vivenciando neste nosso século XXI.

Nietzsche, depois de afirmar que Deus estava morto, pregava que o homem precisa se transformar em um super-homem. Talvez a tradução mais correta para o que Nietzsche queria dizer seria um ser humano superior em estágio avançado em sua jornada de conscientização e, portanto, de individuação. Infelizmente esse filósofo genial precedeu Jung e não teve a oportunidade de trabalhar com os *insights* desse outro gênio.

Muito antes de Nietzsche afirmar que nosso Deus estava morto, os deuses gregos já haviam morrido. Será que haviam morrido mesmo? Ouçamos Jung: "Nós pensamos que podemos nos congratular por haver atingido um pico de claridade, imaginar que deixamos os fantasmas dos deuses para trás. Porém o que deixamos para trás são somente os nomes, não os fatos psíquicos responsáveis pelo nascimento desses deuses. Nós ainda estamos, hoje, tão possuídos pelos conteúdos psíquicos que eles representavam como se eles fossem deuses olímpicos. Hoje eles são chamados de fobias, obsessões etc.; em uma palavra, sintomas neuróticos. Os deuses se tornaram doenças; Zeus não mais reina no Olimpo, mas no plexo solar, e produz curiosos sintomas para os consultórios médicos, ou desordens cerebrais em políticos e jornalistas que, sem saber, deixaram solta essa epidemia psíquica no mundo."

Onde foram os deuses? Ninguém mais acredita neles como deuses, mas as energias que os originaram continuam ativas em nosso inconsciente. Os deuses se esconderam no inconsciente e, neste, exercem uma influência muito maior, já que não podem ser controlados pela nossa consciência, pelo nosso Ego. Os gregos, acreditando nesses deuses, faziam-lhes ritos propiciatórios. O homem moderno deveria fazer isso também. Como? Dando atenção aos seus sonhos, mensagens do seu inconsciente.

No princípio deste livro, mencionei os três mitos centrais que estruturaram nossa civilização: o grego, o hebreu-cristão e o ciclo do Rei Artur e os Cavaleiros da Távola Redonda. Este último é o mais recente, tendo aparecido na Europa no século XII, com a primeira versão escrita por Chrétien de Troyes em torno de 1190. Talvez por ser o mais novo, é o menos importante, mas também é aquele cujos símbolos estão mais preservados. Parte importante desse mito é a história da busca do Graal, de que apresentamos um resumo.

Parsifal e a busca do Graal*

Parsifal era uma criança protegida pela mãe. Seu pai fora um cavaleiro, que morrera em combate antes de o filho nascer, e a mãe de Parsifal, tentando evitar igual sorte para seu filho, decidiu afastá-lo do

---

* Extraído do livro *O Pequeno Príncipe para gente grande*, Roberto Lima Netto, Ed. BestSeller.

mundo, protegê-lo, para que ele nunca se tornasse um cavaleiro como o pai. Levou-o para morar em uma casa no interior da floresta, onde poucos contatos ele poderia ter com outros seres humanos.

Esse arquétipo de mãe superprotetora se concretiza com alguma freqüência, como sabemos, no mundo real.

Parsifal e a busca do Graal (continuação)

A mãe de Parsifal, sendo de índole religiosa, ensinou-lhe que o amor divino é a salvação dos seres humanos. Um dia, passeando pela floresta, Parsifal chega a uma clareira onde encontra um cavaleiro montado em um cavalo branco, vestindo uma linda armadura prateada que brilhava sob os raios do sol. Impregnado pelos ensinamentos religiosos da mãe, Parsifal, que nunca vira antes um cavaleiro, concluiu estar na presença de um ser divino. Mais admirado ficou ele quando aquele ser lhe dirigiu a palavra e, se declarando perdido, perguntou pelo caminho a seguir. Desfeita a ilusão — um ser divino não poderia desconhecer os caminhos —, Parsifal criou coragem para lhe fazer perguntas, e foi assim que, pela primeira vez, ouviu falar dos cavaleiros do Rei Artur e da Távola Redonda.

Esse encontro mudou a vida de Parsifal, que não conseguia pensar em outra coisa. Queria ser também um cavaleiro. As negativas de sua mãe só o tornavam mais determinado, e Parsifal tanto insistiu que obteve o consentimento dela para seguir em busca da corte do Rei Artur. Porém ela ainda lhe preparou uma armadilha, com esperança de que ele, rejeitado, voltasse a viver com ela: vestiu-o com roupas de bufão, recomendando-lhe que jamais as tirasse. Esperava que, motivo de chacotas pela estranha indumentária, Parsifal, rejeitado, voltasse às barras de sua saia.

Parsifal insistiu em seus propósitos, apesar das zombarias e chacotas e, em suas andanças em busca da corte de Artur, chegou a um castelo onde Gurnemanz, o senhor do castelo, simpatizou com sua ingenuidade e resolveu ser seu tutor. Instruiu-o nas regras da cavalaria, da cortesia e ensinou-lhe as artes marciais. Recomendou-lhe que sempre demonstrasse compaixão pelos que sofrem, e deu-lhe também um ensinamento que foi crucial na sua história de vida: nunca importunar as pessoas com perguntas tolas.

A despeito da importância do conselho, antes de poder de fato empregá-lo, Parsifal precisava amadurecer, pois a possibilidade de relativizar conceitos só pode ser alcançada com a consciência que se adquire com alguns anos de vida.

Parsifal e a busca do Graal (cont.)

Depois de passar vários anos como aprendiz de Gurnemanz, Parsifal seguiu viagem em busca de seu sonho. Chegou à corte do Rei Artur, onde suas proezas e sua ingenuidade o distinguiram e garantiram sua sagração como um cavaleiro do rei.

Como cavaleiro, deveria correr o mundo defendendo os fracos e usando sua força em prol da justiça. E lá se foi Parsifal, imbuído destes nobres objetivos. Suas andanças o levaram para um reino distante, que passava por situação calamitosa. O senhor desse reino era chamado de o Rei Pescador, pois, ferido na virilha por uma lança mágica, passava seus dias entre a vida e a morte, e, por alguma misteriosa razão, só pescando encontrava alguns minutos de paz. Seu infortúnio parecia irradiar-se por todo o reino — as colheitas eram parcas, grassava a fome e as pestes atacavam o povo infeliz.

Parsifal, quando chegou ao castelo, foi muito bem recebido. Convidado a cear com o Rei, Parsifal se maravilha com as belezas do palácio. Lindíssimas donzelas serviam acepipes de rara beleza e sabor, enquanto uma procissão desfilava em sua frente, carregando objetos que pareciam mágicos. Parsifal, encantado com a beleza das coisas que via, mas também penalizado com o sofrimento do Rei que o acolhia, queria saber porque o Rei sofria. Ia lhe perguntar o motivo de seus sofrimentos, demonstrar sua compaixão, quando se lembrou da outra recomendação de seu mentor — não fazer perguntas. Parsifal se calou, sem verbalizar sua compaixão pelo sofrimento real.

Com tantas riquezas, com tantos objetos preciosos, a procissão se encerrou com a apresentação de um objeto ainda mais valioso: um cálice, de uma beleza divina, que brilhava como um sol — o Santo Graal. Parsifal quase esqueceu a recomendação de seu tutor. Queria saber para que servia objeto tão valioso, mas, novamente obedecendo aos preceitos do seu mentor, guardou para si sua curiosidade. Para que servia o Graal? Parsifal iria ter que aguardar muitos anos, e muitos sofrimentos, para saber.

A procissão acabou, a ceia terminou, e Parsifal foi conduzido aos seus aposentos. Acordou no dia seguinte deitado em um gramado, com seu cavalo ao lado. Do castelo, nem sombras. Confuso, com um forte sentimento de perda, Parsifal seguiu seu caminho. Fizera algo errado, mas não podia saber o quê. Sentira pena do rei enfermo, mas não externara sua compaixão, pois o conselho de seu tutor o impedira. Porém lembrava-se que Gurnemanz também falara sobre compaixão.

Parsifal não poderia ter agido de modo diferente. O ponto crucial é que ele ainda não estava preparado para abraçar o Graal. Aquele primeiro encontro tivera a finalidade de atiçar seu desejo de encontrar o Graal, de marcar a fogo em sua mente aquela imagem divina, fazendo que nunca se apagasse sua ânsia de a ela novamente chegar.

Parsifal e a busca do Graal (cont.)

Parsifal montou seu cavalo e seguiu viagem, acabando por encontrar uma donzela de rara beleza, a quem, como fazia a todos com que encontrava, perguntou pelo castelo do Rei Pescador. Sua resposta foi, a princípio, evasiva: este castelo nunca existiu. Porém, ao ser informada de que Parsifal já lá estivera, não se conteve e exclamou:

— Homem infeliz! Estiveste de frente para tua salvação, para a salvação do reino, do povo sofredor que o habita, e nada fizeste?

— Eu tive muita pena do rei ferido.

— Pena? Você demonstrou sua compaixão? Você perguntou o que o afligia? E o Graal que vistes?

— Era lindo, era divino. Brilhava como o sol.

— E não perguntastes a quem ele servia?

Sem responder, Parsifal abaixou a cabeça. A donzela continuou:

— Poucos, muito poucos, são escolhidos para ver o Graal. O jovem tolo teve oportunidade rara e a desperdiçou. Vais se arrepender disso pelo resto de sua vida.

A donzela desapareceu, deixando Parsifal no meio do deserto, determinado a encontrar novamente aquele castelo, a ter novo acesso àquele milagrosos objeto. Sua vida ganhou um único tema, uma única direção — encontrar o Graal.

Quem é apresentado à visão beatífica do Graal, quem e inoculado pelo desejo de se integrar ao Graal, desse anseio nunca mais se libertaria.

Parsifal e a busca do Graal (cont.)

Certo dia, quando já se preparava para dormir, nosso herói divisou luzes brilhantes ao longe. Subiu novamente em seu cavalo e seguiu em direção às luzes, que pareciam se afastar à medida que ele avançava. Cavalgou por toda a noite e, quando o dia amanheceu, ainda se encontrava tão longe das luzes como quando começara sua perseguição. Queria continuar, apesar do cansaço que o dominava, mas seu cavalo estava a ponto de desfalecer, e Parsifal teve que se resignar a interromper sua jornada. Depois de alimentar seu ginete, deitou-se na relva e foi cobrado pelo cansaço da jornada. Dormiu imediatamente, um sono sem sonhos.

Quando acordou, o sol já se escondera. À sua esquerda, a menos de cem metros, estava o castelo mágico. Levantou-se de um pulo, correu para ele, mas, para sua decepção, descobriu que precisava vencer um último obstáculo — passar por uma escada giratória, que se movimentava rapidamente, rodando em volta do castelo. Sem saber o que fazer, em sua grande ânsia de rever o Graal, Parsifal fechou os olhos, respirou fundo e saltou sobre a escada quando seu ruído indicou sua passagem. Seu salto o levou, milagrosamente, para dentro do castelo, indo ele cair no grande hall onde se iniciava a procissão do Graal.

Parsifal, maduro pela longa procura, se condoeu do velho rei e, desta vez, não reprimiu sua compaixão — fez a pergunta certa:

— O que lhe aflige?

E ao passar o milagroso cálice:

— Para que serve o Graal?

A resposta não se fez esperar:

— O Graal serve a tudo e a todos.

O Graal é um dos símbolos mais intrigantes e complexos da mitologia ocidental. Uma lenda conta que ele seria o recipiente que José de Arimatéia usou para recolher algumas gotas do sangue de Cristo crucificado. O Graal também aparece nas lendas, identificado com a pedra filosofal dos alquimistas, que transformaria o chumbo em ouro. Para bem entender o significado simbólico dessa pedra é preciso perceber que essa transformação não era material, mas anímica, convertendo uma alma de chumbo em uma alma de ouro.

A cultura ocidental, materialista e racional, opõe dificuldades à aceitação de fenômenos não explicáveis pela ciência, entre os quais se incluem os chamados milagres.

Porém não se pode negar que algumas ocorrências comprovadas não podem ser explicadas pela ciência, pelo menos no atual estágio de desenvolvimento científico do século XXI. Heinrich Zimmer, um estudioso da cultura e filosofia chinesa, amigo de Jung, conta ter presenciado o episódio em que um sábio foi chamado a uma pequena aldeia na China, para fazer chover. Em uma sociedade primitiva, totalmente dependente da produção agrícola, a falta de chuva poderia implicar uma tragédia — morte de muitos por inanição. Esse sábio, chegando à aldeia, pediu para ficar isolado em uma cabana, meditando. Três dias depois o céu se abriu, a chuva caiu. Zimmer, intrigado, pediu-lhe uma explicação. O sábio lhe respondeu: "Quando cheguei, os habitantes da aldeia não estavam em harmonia com a natureza. Meditei para trazer essa harmonia, e, quando consegui isso, choveu." E completou: "Tinha que chover", como se isso fosse a coisa mais óbvia do mundo.

O Graal, a exemplo do sábio chinês, harmonizaria os habitantes com a natureza, e o país devastado voltaria a florescer. Como tal, o Graal deve ser também considerado como um símbolo do *Self*, da totalidade. Parsifal, jovem tolo quando começa a jornada, compreendeu que o Graal representava seu lado divino — seu *Self* —, e que ele servia à totalidade da vida, sua e de todos os habitantes do reino. Parsifal havia conscientizado suas próprias trevas — sua Sombra —, integrado uma parte importante do seu inconsciente, atingido um estágio avançado na jornada de individuação.

O que esse mito fantástico nos ensina? A busca do Graal é uma busca individual. O homem do século XXI talvez não possa mais ser contido em um mito coletivo, como o mito cristão. Talvez precise buscar seu próprio mito, chegar ao seu castelo mágico, descobrir seu próprio Graal.

Seria esta a mensagem de Nietzsche quando diz que Deus está morto e que viva o ser humano superior? Será que nos tornamos seres humanos superiores ao empreender nossa jornada heróica, buscando seu próprio mito, seu próprio Graal?

Segundo Edward Edinger, se os membros mais criativos da sociedade, a elite pensante, estiverem em harmonia com um mito central, os outros estratos da coletividade tendem a seguir essa liderança, e podem ser poupados de um confronto com a questão do significado da vida.

Será isso verdade? Não teria cada um de nós de trabalhar em seu processo de individuação, com o processo pelo qual alguns conteúdos do inconsciente — complexos e imagens arquetípicas — fazem conexão com o Ego e se tornam conscientes?

Por que nossa preocupação com o mito hebreu-cristão, se ele está desgastado? Porque, mesmo envelhecidos, seus símbolos ainda são muito importantes e podem nos servir de inspiração para a construção do um novo mito para o novo milênio.

Desconfio que todos vocês, que comigo chegaram até aqui, pertencem à elite pensante e não poderão escapar desse confronto com o próprio inconsciente. Terão que continuar a sofrer seu processo de individuação, a buscar seu Graal. Será que cada um de nós, seres humanos do século XXI, terá que descobrir seu próprio mito? Será que cada um terá que empreender a jornada solitária dos cavaleiros da corte do Rei Artur? Será que cada um deverá ser seu próprio Parsifal?

Pequena bibliografia comentada

Espero que este livro possa ter acendido em alguns leitores um desejo para saber mais, se aprofundar no tema dos mitos e da psicologia junguiana. Para estes, seguem algumas indicações bibliográficas importantes:

Livros de Psicologia Junguiana

As idéias desenvolvidas neste livro têm sua base nos ensinamentos de C. G. Jung. Esse grande psicólogo suíço foi um dos maiores nomes do século XX. Tendo começado como discípulo preferido de Freud, desenvolveu suas próprias teorias que explicam, de forma criativa, o homem moderno e suas complexidades. Seus ensinamentos não são somente para psicólogos, mas para toda a elite pensante de nossa sociedade. Para os que quiserem se aprofundar seus conhecimentos de psicologia analítica, como ficou conhecida sua escola junguiana, sugerimos:

1. *O homem e seus símbolos* — Nova Fronteira
   É um livro para leigos, escrito por Jung e por alguns de seus colaboradores mais próximos. Serve de introdução para quem quer conhecer mais das lindas idéias junguianas.

2. *A criação da consciência* — Edward Edinger — Ed. Cultrix
   Esse livro fantástico desenvolve as idéias de Jung sobre a criação de um novo mito para o homem moderno.

3. *Ego e arquétipo* — Edward Edinger — Ed. Cultrix
   Um dos mais importantes discípulos de Jung, Edinger nos apresenta as idéias básicas da psicologia junguiana, com uma profundidade maior que a do *O homem e seus símbolos*. Seria um segundo livro, recomendado para quem, tendo lido o anterior, quer se aprofundar mais nas idéias junguianas.

4. *Terapia familiar — mitos, símbolos e arquétipos* — Paula Boechat — Wak Editora

5. *Obras Completas de C. G. Jung* — Editora Vozes
   Para quem quiser ir fundo, bem fundo mesmo.

6. *Memórias, sonhos e reflexões* — Nova Fronteira
   Esse é o livro de memórias, autobiografia que relata a vida interna e externa de Jung. Esse lindo livro não requer do leitor conhecimentos prévios de psicologia.

Livros de Mitologia

A psicologia junguiana é baseada em arquétipos. Estes são retratados em mitos. Por esse motivo, os mitos são tão importantes para se entender as idéias de Jung. Joseph Campbell, amigo de Jung, foi um dos maiores, se não o maior, mitólogo do século XX.

1. *O poder do mito* — Joseph Campbell — Ed. Palas Athena
   Esse livro é baseado em uma série de entrevistas para a BBC, feitas por Bill Moyers, e serve como introdução ao tema.

2. *As máscaras de Deus* — Joseph Campbell — Ed. Palas Athena
   Um estudo completo dos mitos da humanidade, em quatro volumes: *Mitologia primitiva, mitologia oriental, Mitologia ocidental* e *mitologia criativa*.

3. *O livro de ouro da mitologia* — Thomas Bulfinch — Ediouro
   Um dos clássicos da mitologia.

4. *Mitos paralelos* — J. F. Bierlein — Ediouro
   Uma introdução aos mitos do mundo moderno.

5. *A mitopoese da pisque* — Walter Boechat — Ed. Vozes
   Esse livro demonstra a força do mito na terapia.

Livros de Interpretação Psicológica dos Mitos

Os mitos, como retratos da alma, nos ajudam a entender melhor nossa vida e a ampliar as imagens de nossos sonhos. Alguns livros que tratam desse tema são:

1. *Uma viagem através dos mitos* — Liz Greene e Juliet Sharman-Burke — Jorge Zahar Editora
   Os significados dos mitos como um guia para a vida.

2. *Rastreando os deuses* — James Hollis — Ed. Paulus
   O lugar do mito na vida moderna.

3. *Mitos e arquétipos do homem contemporâneo* — Walter Boechat (org.) — Ed. Vozes
   Discute a presença do mito na psicologia do homem dito "moderno".

4. *O pequeno príncipe para gente grande* — Roberto Lima Netto — Ed. BestSeller
   Discute a história do *Pequeno Príncipe*, de Saint Exupéry, à luz dos mitos e da psicologia junguiana.

Livro de Imaginação Ativa

A técnica de imaginação ativa, fundamental para que o Ego possa ter um relacionamento saudável com outras personalidades dentro da psique, está explicada nesse livro:

1. *Inner Work* — Robert Johnson — Ed. Mercuryo

Livro de Interesse Geral:

A forma como nos comunicamos, especialmente com as crianças ainda em fase de formação da personalidade, é fundamental para sua saúde psicológica. Por esse motivo, recomendamos o excelente livro:

1. *A nova conversa* — Luis César Ebraico — Ediouro

LEIA TAMBÉM:

O Pequeno Príncipe para gente grande

O Pequeno Príncipe, a obra-prima de Saint Exupéry, é um livro para crianças? Sim e não. Como toda obra-prima, ela se presta a várias leituras, a diversas maneiras de ser apreciada.

Lima Netto, usando as idéias de Carl G. Jung, o genial criador da psicologia analítica, nos apresenta uma leitura profunda, carregada de significados, desse livro fantástico.

Os personagens que o Pequeno Príncipe encontra em sua jornada, que são apresentados de maneira caricata, trazem ensinamentos profundos para a vida. O acendedor de lampiões, o rei de um reino sem súditos, o homem vaidoso, o astrônomo que queria possuir todas as estrelas e outros são imagens de personagens do nosso cotidiano e nos ensinam preciosas verdades.

Este livro foi composto na tipologia Minion-Regular
em corpo 12/15, impresso em papel off-white 80g/m
no Sistema Cameron da Divisão Gráfica
da Distribuidora Record.